AF595507

Editorial
NUN

Asentimiento y certeza en el pensamiento de John Henry Newman

Una defensa de la creencia religiosa

Alejandro Sada

Asentimiento y certeza en el pensamiento de John Henry Newman

Una defensa de la creencia religiosa

Alejandro Sada

Ficha bibliográfica

Sada Mier y Terán, Alejandro

Asentimiento y certeza en el pensamiento de John Henry Newman
Una defensa de la creencia religiosa
1a. edición, 2021

ISBN: 978-607-99522-9-7

Editorial Notas Universitarias, S. A. de C. V.
Colección Fides et Ratio

Impreso en la Ciudad de México, 1 de noviembre de 2021
Formato: 15 × 21 cm

122 pp.

Editorial NUN
Es una marca de Editorial Notas Universitarias, S. A. de C. V.

Xocotla 17, Tlalpan Centro II, alcaldía Tlalpan,
C. P. 14000, Ciudad de México

www.editorialnun.com.mx

Comentarios sobre la edición a contacto@editorialnotasuniversitarias.com.mx

Versión impresa, ISBN: 978-607-99522-9-7
Versión digital, ISBN: 978-607-99600-0-1

Los textos aquí presentados fueron arbitrados (doble-ciego) y dictaminados por especialistas nacionales. Posteriormente fueron revisados, corregidos y modificados por los autores antes de llegar a su versión final.

Dirección editorial y diseño de portada: Miryam D. Meza Robles
Cuidado de la edición: Felipe G. Sierra Beamonte
Corrección de estilo: Óscar Díaz Chávez
Diagramación: Carlos A. Vela Turcott

Impreso en México

A mis papás, por su amor incuestionable.

Índice

Prólogo

John Henry Newman nació en 1801 y murió en 1890. Se ordenó como presbítero en la Iglesia anglicana en 1825. Fue integrante de un grupo intelectual conocido como el Movimiento de Oxford, en el cual se planteó la naturaleza de la relación entre el anglicanismo y el catolicismo. Después de un largo y difícil periodo de reflexión decidió abandonar la Iglesia de Inglaterra para ordenarse como sacerdote católico en 1847. Su labor dentro del catolicismo inglés fue muy destacada tanto en el servicio pastoral como en el plano intelectual. En 1879 fue nombrado cardenal por el papa León XIII.

Newman fue un autor muy prolífico. Sin embargo, sus ideas fueron poco conocidas en el mundo hispanoparlante, salvo por algunas figuras excepcionales, como Miguel de Unamuno. Sus escritos versan sobre una diversidad de disciplinas, como filosofía, teología, historia de la iglesia y pedagogía. Su obra más conocida es *Apología pro vita sua*, texto autobiográfico en que narra la historia de su conversión al catolicismo. No obstante, es revelador que el libro fuera traducido al español hasta 1961. En la actualidad existen varias traducciones al español de esta obra, así como de otros de los títulos principales de Newman.

Aunque quizá no sea el más conocido de sus libros, el *Ensayo para contribuir a una gramática del asentimiento* es la obra filosófica más importante del cardenal. En este libro, Newman abre una línea epistemológica para defender la fe ante las objeciones ilustradas, modernas y cientificistas. Esta línea coincide, en muchos aspectos, con las que otros autores como William James y Ludwig Wittgenstein desarrollaron posteriormente, no sólo para defender la fe sino, en general, las certezas de nuestra vida diaria.

Newman responde a las objeciones de lo que él llama el *liberalismo religioso* de su tiempo, que por la influencia de la cultura anglosajona en el mundo actual se ha convertido en una doctrina global. Esta doctrina sostiene que la organización política de la sociedad debe asumir que ninguna religión puede demostrarse como verdadera, por lo que cualquiera es muy respetable. Un corolario de esta doctrina es que nadie tiene el derecho de afirmar que posee la verdad acerca de algún asunto de fe. Lo correcto es anteponer una cláusula precautoria que indique que uno está dispuesto a conceder que está equivocado sobre cualquiera de estos asuntos. La posición correcta en temas religiosos debe ser el *falibilismo*, a saber, la doctrina epistemológica de que cualquier creencia, no importa qué tan seguros de ella estemos, puede resultar falsa. La única fuente de certeza aceptada por el liberalismo que combatía Newman era la ciencia natural, en particular la ciencia matematizable. Fuera de ella, todo debía considerarse como mera opinión.

Asentimiento y certeza en el pensamiento de John Henry Newman. Una defensa de la creencia religiosa, de Alejandro Sada, es un excelente estudio filosófico sobre el *Ensayo para contribuir a una gramática de asentimiento*. El autor examina detalladamente los razonamientos de Newman y desglosa sus partes con suma claridad.

La defensa de la fe de Newman es muy diferente de la de otros teólogos. Su aproximación no es normativa sino descriptiva. No especula sobre las condiciones *a priori* que debe cumplir una creencia para que sea una certeza, sino que nos muestra las condiciones *a posteriori* que cumplen nuestras creencias que son certezas. Newman muestra que incluso las certezas aceptadas por los científicos tienen características en común con las certezas que apuntalan nuestra fe religiosa. Por lo mismo, las divisiones tradicionales entre fe y razón y entre ciencia y religión no son tan radicales como suponen los filósofos modernos y cientificistas. La conclusión es que no es irracional creer en Dios, no es algo que deba avergonzarnos en un mundo en el que las verdades de hecho están determinadas por la ciencia y en el que existe una tolerancia a la pluralidad religiosa dentro de una sociedad laica.

No expondré aquí el sutil argumento de Newman para llegar a esa conclusión. Sada lo hace de manera aguda y precisa. El autor también señala, cuando es el caso, las debilidades que se pueden encontrar en la argumentación de

Newman y ofrece respuestas a esas objeciones. Tal como lo explica Sada, Newman es un filósofo que no sólo responde a cuestiones teológicas sino de epistemología básica. Sus razonamientos nos ilustran acerca de la naturaleza de la fe, del conocimiento y de la certeza en todos los planos de nuestra existencia. Lo que nos enseña Newman es que la epistemología no es una rama separada de la antropología filosófica: Lo que yo conozco depende de lo que yo soy. No puedo conocer de otra manera. Cualquier filosofía que no reconozca este hecho fundamental es una filosofía equivocada.

El *Ensayo para contribuir a una gramática de asentimiento* es una respuesta al pensamiento ilustrado del siglo XIX. La confianza desmedida en la razón y en la ciencia de aquel siglo ha decaído ante las críticas que se le hicieron en el siglo XX. Por ello, quizá ya no sentimos la misma urgencia de Newman por responder a las objeciones con las que él se enfrentó. Ante la crisis de la razón moderna, la fe ha comenzado a recobrar su sitio en el siglo XXI. Por ejemplo, en años recientes, el movimiento de la ortodoxia radical, propuesto por algunos teólogos británicos como John Milbank, Catherine Pickstock y Graham Ward, se ha planteado como una respuesta a los excesos del individualismo neoliberal, el secularismo extremo y el nihilismo posmoderno.

Seguramente Newman discreparía en no pocos aspectos con esta ortodoxia radical; sin embargo, no podríamos imaginar un movimiento como éste sin el antecedente de Newman, es decir, sin su vigorosa defensa de la fe ante los embates de la modernidad más miope y más intolerante.

John Henry Newman fue canonizado en 2019 en una ceremonia encabezada por el papa Francisco. Es deseable que el cardenal inglés no sólo sea venerado en nuestros altares, sino que también sea estudiado en nuestras escuelas de filosofía y teología. *Asentimiento y certeza en el pensamiento de John Henry Newman. Una defensa de la creencia religiosa*, de Alejandro Sada, es una contribución muy valiosa al estudio especializado del pensamiento de Newman que seguramente servirá sobremanera para ese propósito.

Guillermo Hurtado
Ciudad de México, 2021

Introducción

La principal inquietud filosófica de John Henry Newman a lo largo de su vida fue la justificación de la creencia religiosa. Estaba profundamente preocupado por la crisis de fe por la que atravesaba la cultura victoriana del siglo XIX. Una de las víctimas de esa crisis fue William Froude, hermano menor de Hurrell Froude, con quien Newman había desarrollado una estrecha amistad durante su estancia en el Oriel College y en el Movimiento de Oxford. La incredulidad de William era una constante preocupación para el cardenal, como puede apreciarse en las numerosas cartas que le escribió. "A inicios de 1860 –nos cuenta Ian Ker– [Newman] mantuvo una correspondencia con William Froude en la que intercambiaron sus puntos de vista sobre la posibilidad de certeza en la fe religiosa, pues su esposa e hijos se habían hecho católicos".[1] Por una parte, el cardenal pretendía defender la nueva fe de la señora Froude y sus hijos; por otra, quería ayudar a William a abrazar la misma fe.

Como consecuencia de la inquietud de Newman por su amigo William y de la continua preocupación que mostraba por el tema de la certeza en la fe, el cardenal decidió poner por escrito el legado de una vida de reflexión sobre la filosofía de la religión. En 1870 publicó finalmente su *Ensayo para contribuir a una gramática del asentimiento*.

---

1 Ian Ker, *John Henry Newman: una biografía*, Madrid, Palabra, 2010, p. 626.

Según Edward A. Sillem, Newman escribió la *Gramática* "principalmente para beneficio de su amigo William Froude",[2] y nos advierte sobre la importancia de tener presente este hecho, pues si se pasa por alto, se corre el riesgo de leer el trabajo como un tratado abstracto de filosofía y no como un ensayo dirigido a un amigo. La *Gramática* utiliza un lenguaje amistoso, en continuidad con el que puede apreciarse en la correspondencia entre William y Newman.[3] Existe una íntima relación entre los problemas que Froude plantea en sus cartas y los desarrollos que leemos en la *Gramática*. Por eso mismo, no puede contextualizarse adecuadamente el trabajo de Newman si no se conoce el tono del diálogo epistolar que mantuvieron ambos pensadores.

El 24 de diciembre de 1859, Newman da la noticia a William de que ha recibido a su hijo Hurrell para formar parte de la Iglesia católica.[4] Cinco días después, William le responde en una célebre carta en la que expone las razones por las que no concuerda con la decisión de su hijo y se declara en una posición antagónica al catolicismo. En ella sostiene: "Sobre ningún tema, sea cual sea [...] mi mente (y hasta donde alcanzo a ver, la mente de cualquier ser humano) es capaz de alcanzar conclusiones absolutamente ciertas. Aunque claramente algunas conclusiones son mucho más ciertas que otras, existe un elemento de incertidumbre en todas".[5]

Para Froude, todos los procesos del pensamiento son falibles, lo cual nos debe llevar a dudar de todos nuestros juicios. Más aún, considera un deber moral mantener siempre presentes las probabilidades de que cada conclusión sea falsa, pues la mente se siente continuamente inclinada a sobreestimar los grados de probabilidad que hay a su favor. William piensa que las dudas son sagradas y advierte que cualquier persona honesta debe reconocer que sus

2 Edward J. Sillem, *The Philosophical Notebook of John Henry Newman*, vol. 1, Lovaina, Nauwelaerts Publishing House, 1969, p. 58. Todas las traducciones del inglés son mías, salvo cuando se especifica lo contrario.

3 Cf. Gordon Huntington Harper, *Cardinal Newman and William Froude, F. R. S. A Correspondence*, Baltimore, John Hopkins Press, 1933.

4 Cf. Charles Dessain (ed.), *The Letters and Diaries of John Henry Newman*, vol. 19. Edinburgo, Thomas Nelson and Sons, 1969, p. 259. En adelante me referiré a estos documentos con la abreviatura *LD*, vols. 1-32.

5 *LD* 19, p. 270.

creencias son solamente provisionales y pueden cambiar en un futuro. La fe, para él, no es otra cosa que prejuicio y es propia de temperamentos inmorales, pues supone un uso irresponsable de las facultades.

En la primera respuesta de Newman a esta carta, fechada el 2 de enero de 1860, le advierte a William que su postura es falaz, pero reconoce que es muy difícil mostrarlo. Newman es consciente de la complejidad de la mente humana, y piensa que su interlocutor presenta una versión muy simplista y superficial de ella. "Pienso que hay una filosofía mucho más profunda que la tuya sobre el tema",[6] le escribe a Froude. El 15 de enero del mismo año, William provoca a Newman para que trabaje en el proyecto de desarrollar esa "filosofía más profunda": "Deseo de todo corazón (y he escuchado a otros que piensan muy parecido a mí expresar el mismo deseo también de todo corazón) que tú desarrolles real y completamente esta cuestión –es en efecto una cuestión que tú más que nadie eres competente para examinar a fondo, según sentimos los que te conocemos".[7]

El resultado de esta oportuna provocación fue la obra filosófica más grande de Newman: la *Gramática del asentimiento*.[8]

La postura de Froude encarna el liberalismo contra el que Newman batalló durante toda su vida. En la mañana del lunes 12 de mayo de 1879, el ya viejo sacerdote inglés recibió la noticia de que había sido nombrado cardenal. Estupefacto, John Henry Newman pronunció un discurso que quedó inmortalizado como *Biglietto speech*. En él dice: "Por treinta, cuarenta, cincuenta años, me he resistido, hasta donde alcanzan mis poderes, al espíritu del liberalismo en religión".[9] En efecto, podríamos resumir la filosofía de Newman como una larga batalla contra el liberalismo, aunque se debe considerar que el término presenta muchas dificultades, pues tiene diversas connotaciones. El cardenal, por

6 *Ibid.*, p. 273.

7 *Idem.*

8 Recomiendo la edición crítica de Ian Ker: John Henry Newman, *An Essay in Aid of a Grammar of Assent*, Nueva York, Oxford University Press, 2001. Me he apoyado mucho en la traducción al español realizada por Josep Vives: *Ensayo para contribuir a una gramática del asentimiento*, Madrid, Encuentro, 2010. En adelante me referiré a estos documentos con la abreviatura *GA*.

9 Wilfrid Ward, *The Life of John Henry Newman Based on His Private Journals and Correspondence*, vol. 2, Londres, Longmans, Green and Co., 1912, p. 460.

ejemplo, no se oponía al liberalismo como movimiento político ni al progreso de los científicos liberales. En el mismo discurso reconoce que "hay mucho en la teoría del liberalismo que es bueno y verdadero; por ejemplo, por no decir más, los preceptos de justicia, veracidad, sobriedad, autodominio, benevolencia, que, como ya he señalado, están entre sus principios declarados".[10] El liberalismo al que Newman se resiste es el que desea cobrar terreno en el ámbito de la religión.

En el *Biglietto speech*, el cardenal explica que liberalismo en el caso de la religión "es la doctrina de que no existe verdad positiva en religión, sino que un credo es tan bueno como otro [...]. Enseña que todos deben ser tolerados, pues todos son materia de opinión".[11] En 1865 se presenta una nueva edición de la *Apologia* en la que, entre otras cosas, Newman añade una nota para responder a la inquietud de sus lectores que piden una explicación más detallada de lo que entiende por "liberalismo". Hacia el final de la nota se ofrece una serie de proposiciones que permiten describirlo.[12] Las primeras cinco de la lista de 18 tratan explícitamente sobre la creencia religiosa. Leemos en ellas que para el liberalismo:

1. Ningún principio religioso es importante, a menos que la razón lo demuestre.[13]
2. Nadie puede creer lo que no entiende.
3. Ninguna doctrina teológica es más que una opinión.
4. Es deshonesto que alguien haga un acto de fe en algo que no se le ha probado.
5. Es inmoral para un hombre creer más de lo que puede recibir espontáneamente según su naturaleza moral y mental.

Sillem sintetiza estas proposiciones en dos puntos. "Liberalismo" es:

---

10 Ward, *op. cit.*, vol. 2, p. 462.

11 *Ibid.*, p. 460.

12 *Apologia Pro Vita Sua. Historia de mis ideas religiosas*, pp. 294-295. En adelante se citará como *Apo*.

13 Newman estaría dispuesto a aceptar esta proposición siempre y cuando el término razón incluyera la compleja actividad del sentido ilativo. El rechazo de Newman se dirige a la reducción del término que asume el paradigma liberal.

1. Cualquier forma de racionalismo que niegue la verdad de los dogmas de la religión cristiana con base en que no puede existir verdad en religión o en metafísica en absoluto, y que convierte la creencia religiosa en únicamente materia de opinión personal o de gusto individual, sentimiento o capricho.[14]
2. La teoría filosófica de que no hay una manera legítima o posible para obtener un conocimiento de la verdad a no ser a través de la "demostración" o de la argumentación razonada formalmente; podemos únicamente conocer, estar ciertos de, o dar nuestro asentimiento, a aquellas proposiciones que han sido probadas de una vez por todas por la razón con el vigor lógico de una deducción matemática. Cualquier proposición que la razón no pueda probar de esta manera sólo puede ser sostenida como una opinión más o menos probable, y el asentimiento que se le da tiene que variar en fuerza según la validez de la evidencia disponible.[15]

Desde mi punto de vista, el problema de fondo, para Newman, es una idea reducida de lo que significa "racionalidad". Se dio cuenta de que se habían establecido criterios *a priori* para determinar la validez de una prueba y la garantía de un asentimiento. Como consecuencia de esos criterios, la creencia religiosa, al igual que el conocimiento sobre la realidad concreta, se veían comprometidos, y la capacidad de la persona para conocer la verdad quedaba despojada de su fuerza natural.

Esta visión de la racionalidad es producto de la larga disputa entre idealistas y empiristas que esculpió las mentalidades del siglo XIX. Newman veía innecesario involucrarse en esa disputa, pues consideraba que estaba agotada y pertenecía a la historia del pensamiento. Por una parte, para la filosofía idealista, en palabras de Sillem: "La mente forma un mundo encerrado sin contacto con el universo material de hechos y eventos empíricos, de tal forma que

[14] Sillem, *op. cit.*, vol. 1, p. 60.

[15] *Ibid.*, vol. 1, p. 62.

no sabe nada además de sus ideas y las conexiones necesarias entre ellas". Por otra, para la filosofía empirista:

> [...] la razón significaba experiencia ordenada, y razonar implicaba, primero, el proceso de analizar nuestras sensaciones complejas y todos los datos sensibles hasta las unidades "atómicas" elementales de las cuales supuestamente estaban compuestas, y segundo, dar cuenta de cada idea de la mente en términos de sensaciones y datos sensibles empíricamente analizados hasta sus elementos primitivos.[16]

Tomar postura por una u otra parte significaba para Newman simplificar artificialmente la condición de la mente humana tal como se observa en el mundo. Para el idealista, el hombre es razón o mente pura que piensa formalmente por medio de leyes abstractas; para el empirista, el hombre es racional en cuanto que en él se produce una síntesis ordenada de información proveniente de la experiencia sensible. Para Newman, en ambos casos nos encontramos con que la mente queda despojada de su dotación personal.

Desde la Ilustración, la razón se fue haciendo del monopolio para acceder al conocimiento. Ese recinto de luminosidad se veía como accesible a todos por igual, pues se tenía la idea de que la facultad suprema de los seres humanos era la misma para todos y tenía una naturaleza universal. Se consideraba ilustrado a quien se atrevía a pensar por sí mismo con su propia razón y formulaba sus juicios según esa facultad, al tiempo que discriminaba todo contenido no racional, es decir, autoridades, tradiciones y dogmas. Más aún, el uso de la razón era el lugar privilegiado para unificar a las personas, precisamente por su nota de universalidad. Sin embargo, desde el punto de vista de Newman, esa idea de racionalidad convierte a la razón en la medida de lo real e ignora la manera en que la persona produce legítimamente sus certezas. Entiende al ser humano como una persona, más que como una racionalidad. Es la persona quien piensa y adquiere conocimientos; no la razón universal e impersonal

16 *Ibid.*, pp. 25-26.

que propone la Ilustración. Conocer es una actividad espontánea e interior de la persona, y no una simple manipulación mecánica de leyes lógicas.

Recuperar esa dimensión personal del conocimiento humano no podría lograrse, para Newman, desde la disputa entre idealistas y empiristas. Era necesario emprender una nueva línea de reflexión que observara de manera honesta, sin criterios *a priori*, el modo real en que trabaja la mente humana. La ruta que traza Newman está más cerca de lo descriptivo que de lo normativo, pues piensa que la única forma de hacerle justicia a nuestra naturaleza es reconocerla tal como nos es dada. El punto culminante de esa línea de reflexión es la *Gramática*. En esta obra, el autor dice la última palabra de su batalla contra el liberalismo. Se propone mostrar fundamentalmente dos cosas:

1. Que podemos creer legítimamente en misterios que sobrepasan nuestra comprensión.
2. Que podemos tener certeza de muchas verdades que somos incapaces de demostrar.

Facilitaré la lectura de la *Gramática* mediante una ruta que permita comprender de manera articulada y económica en qué consiste para Newman la adquisición de certezas sobre la realidad concreta. Haré, además, una valoración crítica de los alcances de su propuesta sobre la legitimidad de esas certezas. Para ello, presentaré cuatro capítulos. En el primero haré un breve estudio sobre la naturaleza del asentimiento en general en el contexto de la *Gramática* y examinaré sus notas distintivas, lo cual es indispensable, pues, como veremos, la certeza para Newman es una forma específica de asentimiento; en el segundo capítulo revisaré la crítica de Newman a la lógica, o inferencia formal, pues, como podrá verse, la considera un instrumento relevante pero insuficiente para dar cuenta de los asentimientos que de hecho hacemos; en la tercera parte valoraré la propuesta de lo que Newman llama el sentido ilativo, el cual, sugiere el autor, es el órgano adecuado para producir asentimientos; finalmente, analizaré los criterios de verdad que permiten evaluar nuestras certezas y ofreceré una crítica sobre sus alcances y efectividad.

I. La naturaleza del asentimiento

Newman había intentado escribir algo parecido a la *Gramática* más veces de las que podía contar. Le resultaba tan difícil como cavar un túnel a través de los Alpes.[1] Fue hasta 1866 que vio con claridad la forma que debía tener el proyecto definitivo. Escribe en sus diarios: "Por fin, cuando estaba en Glion, sobre el lago de Ginebra, se me ocurrió: 'Te equivocas al empezar con la certeza -la certeza es sólo una especie de asentimiento-; debes comenzar contrastando el asentimiento y la inferencia'".[2] Para hacer una lectura fiel de la *Gramática*, me parece conveniente seguir a Newman en ese orden, por lo que antes de abordar el tema de la certeza haré un breve estudio sobre la naturaleza del asentimiento en general.

El asentimiento es, para Newman, la aceptación absoluta e incondicional de una proposición y se expresa verbalmente mediante la aserción.[3] El acto de asentir se distingue principalmente por cinco características: es incondicional, intrínseco, está más cerca de las realidades concretas que de las nociones, es absoluto y es personal. Revisemos brevemente cada una.

---

1 Cf. *LD*, pp. 25, 35-36.

2 Ward, *op. cit.*, 2, p. 278. Cf. *GA*, p. 209.

3 Cf. *GA*, p. 13.

Incondicional

La incondicionalidad del asentimiento es lo que especialmente subraya la diferencia fundamental entre asentir e inferir. Por esta razón, Newman explica esta característica contrastando ambos actos mentales. La inferencia, a diferencia del asentimiento, siempre es condicional, en el sentido de que la conclusión depende por naturaleza de premisas anteriores, y se expresa verbalmente con articulaciones que la vinculan a esas premisas, como *por lo tanto*, *entonces*, *por ello*, etcétera. De esta manera, la proposición "Platón escribió la *República*" es una aserción (expresión verbal del asentimiento) y su forma proposicional es categórica, mientras que "...por lo tanto, Platón escribió la *República*" es una conclusión, y su forma proposicional es condicional. Ambas proposiciones se relacionan respectivamente con estados mentales distintos, que son análogos a su enunciación verbal: la aserción exterioriza al asentimiento; la conclusión exterioriza la inferencia.

En el segundo capítulo de la *Gramática*, Newman dice, por una parte, que el asentimiento es en sí mismo "la absoluta aceptación de una proposición *sin ninguna condición*", pero enseguida afirma que un asentimiento "*presupone la condición*, no sólo de alguna inferencia previa a favor de la proposición, sino especialmente de cierta aprehensión concomitante de sus términos".[4] Aparentemente el autor se contradice, pues parece que el asentimiento es al mismo tiempo condicional e incondicional. Esta aporía nos obliga a distinguir con mucha precaución el sentido en el que Newman dice que un asentimiento es incondicional, pues eso no significa que no tenga ningún antecedente que lo justifique o lo sustente.

Desde mi punto de vista, la aparente contradicción se debe a un uso equívoco del término "condición". Se puede decir que el asentimiento es condicional en el sentido de que no surge arbitrariamente, sino que para formarse requiere de un proceso que se compone de "alguna inferencia previa" y "cierta aprehensión" de los términos de la proposición a la que se asiente. En otras palabras, la condicionalidad del asentimiento se refiere a su generación, pues

[4] *Ibid.*, p. 13. Las cursivas son mías.

para que pueda llegar a darse, se requieren elementos sin los cuales no existiría. Por otra parte, una vez que el asentimiento se ha formado, subsiste por sí mismo. Llega un momento en que aquel proceso que fue necesario puede desprenderse o separarse de la proposición, pues el sujeto la conserva ahora, ya no por su relación con premisas, antecedentes o inferencias, sino por su sentido intrínseco.

En el capítulo sexto de la *Gramática* Newman ofrece seis razones para mostrar que el asentimiento y la inferencia no son dos actos idénticos y que el asentimiento no es la mera repetición de la inferencia, sino que son genuinamente distintos. El texto es muy útil para aclarar lo que significa que no todas las proposiciones que sostenemos se encuentran pendiendo de premisas anteriores, como ocurre en el caso de las conclusiones.

1. Los asentimientos pueden permanecer sin la presencia de los actos inferenciales sobre los que fueron constituidos originalmente.
2. Algunas veces el asentimiento falla, mientras que las razones para sostenerlo, y el acto inferencial que reconoce esas razones, continúan presentes con toda su fuerza.
3. Algunas veces, a pesar de argumentos fuertes y convincentes, el asentimiento no se llega a dar.
4. En muchas ocasiones, argumentos que reconocemos y confesamos como buenos no son, sin embargo, lo suficientemente fuertes para inclinar nuestra mente ni siquiera un poco hacia la conclusión a la que apuntan.
5. Existe una influencia de motivos morales que obstaculiza el asentimiento a conclusiones lógicamente impecables.
6. El contraste entre inferencia y asentimiento se da incluso en el ámbito de las matemáticas. En investigaciones largas e intrincadas, aunque cada paso sea indiscutible, aún se requiere una atención sostenida y un esfuerzo de memoria para tener en la mente todos los pasos de la prueba con sus mutuas relaciones y antecedentes. Estas condiciones de la inferencia pueden interferir en la prontitud

de nuestro asentimiento, lo cual no sería posible si las demostraciones fueran *ipso facto* asentimientos.[5]

Estas observaciones asumen una de las siguientes formas:

1. Hay veces en las que atestiguamos la existencia de asentimientos sin la presencia de inferencias.
2. Hay veces en las que no se da el asentimiento, aunque las inferencias estén presentes.
3. Existe una desproporción entre los asentimientos y las inferencias.

La primera forma hace notar que los asentimientos pueden durar sin la presencia de los actos inferenciales sobre los cuales se formaron originalmente. Un médico, por ejemplo, pudo haber olvidado el cálculo que hizo para encontrar la relación dosis-peso de un medicamento y, sin embargo, utiliza la fórmula con toda confianza sin tener presentes los cálculos que hizo para determinarla. Un matemático puede utilizar con seguridad un teorema sin tener presentes las pruebas con las que alguna vez lo demostró.

La segunda forma muestra la independencia de los actos en sentido inverso: algunas veces el asentimiento falla, mientras que las razones que hay para asentir y el acto inferencial, que reconoce esas razones, están presentes con toda su fuerza. Ocurre que a veces retiramos un asentimiento aun cuando las inferencias que le preceden permanecen intactas. Newman reconoce que esto puede suceder por diversos motivos: por ejemplo, "puede haber una sensación vaga de que en la base última de nuestros razonamientos, o en sus condiciones subyacentes, hay un fallo",[6] o es posible que sospechemos de nuestro asentimiento al hacernos conscientes de que "hemos adquirido una visión más amplia de las cosas en general, que la que teníamos cuando dimos nuestro asentimiento".[7] Pero esto no siempre es así:

---

5 Cf. *GA*, pp. 167-170.

6 *Ibid.*, p. 168.

7 *Idem.*

> [...] a veces nuestra mente cambia tan rápidamente, tan inexplicablemente, tan desproporcionadamente respecto a cualquier argumento tangible al que pueda referirse el cambio, y con un reconocimiento tan firme de la fuerza de los antiguos argumentos, que fácilmente podemos sospechar que en el fondo se trata de causas morales, derivadas de nuestra condición, edad, compañía, ocupaciones, fortunas, etcétera.[8]

Nuestros asentimientos pueden retirarse, mientras aún percibimos los argumentos que en un inicio nos movieron a asentir. Por otra parte, "así como algunas veces el asentimiento muere sin razones tangibles, suficientes para explicar su desvanecimiento, así a veces, a pesar de la presencia de argumentos fuertes y convincentes el asentimiento nunca se da".[9] Newman señala que los prejuicios pueden obstaculizar el asentimiento incluso ante las pruebas más incontrovertibles. No pocas veces ocurre que, "mientras que la agudeza de las facultades discursivas permite a uno ver en un momento el resultado de un complicado problema, sin embargo, se necesitan años para que la misma persona pueda abrazarlo como verdadero y reconocerlo como un objeto más del círculo de sus conocimientos".[10] Esto muestra que, a pesar de haber una relación cercana entre asentimiento e inferencia, la inferencia no necesariamente produce el asentimiento de manera inmediata, ni es su causa única.

La tercera forma nos permite apreciar que existe una desproporcionalidad entre la inferencia y el asentimiento. A veces sucede que muy buenos argumentos no inclinan en absoluto a nuestras mentes a asentir a la conclusión hacia la que apuntan. El asentimiento no crece o decrece ante buenos o malos argumentos, ni ante muchas o pocas razones, porque no hay entre ambos actos una proporcionalidad inmediata. No basta con comprender un argumento, ni con juzgarlo como bueno, para que la mente asienta, así como no basta reconocer un buen argumento contrario al asentimiento, para que éste se retire o disminuya.

---

8 *Idem.*

9 *Idem.*

10 *Ibid.*, p. 169. He modificado ligeramente la traducción de Joseph Vives. En lugar de "*detrás* del círculo de sus conocimientos" elegí "*en* el círculo de sus conocimientos". Esto expresa mejor el original de Newman: "*in* the circle of his knowledge".

Observar el acto de asentir en contraste con el acto inferencial nos permite aclarar lo que significa la incondicionalidad del primero. Newman reconoce que debe haber un sustrato de inferencias que antecedan al asentimiento, no como causas suficientes, ni en relación proporcional, aunque sí necesarias. Sin embargo, una vez que el asentimiento se forma, mantiene una independencia de aquellas inferencias.

Para que sea posible que el asentimiento se independice, por decirlo de alguna manera, es indispensable que el sujeto reconozca el sentido intrínseco de la proposición, es decir, que mire la proposición de manera aislada, desde dentro, y no por meras relaciones con proposiciones anteriores o externas a ella misma.

Intrínseco

Reconocer el contenido intrínseco de una proposición requiere un acto de aprehensión, al menos del predicado.[11] No se puede, por ejemplo, asentir a la proposición "*x* es *z*", hasta que no se diga algo sobre alguno de los términos; pero sí es posible inferir, en cambio, que si "*x* es *y*" y "*y* es *z*" entonces "*x* es *z*". Y, al contrario, se puede asentir a una gran cantidad de proposiciones sin que esté presente en la mente una serie de inferencias simultáneas al acto de asentir; por ejemplo, puedo asentir a la proposición "mi esposa se llama Maricarmen" o "en mi mano tengo cinco dedos". Mientras asiento a estas verdades no contemplo en mi mente la complejidad de inferencias ni el cúmulo de relaciones que estas proposiciones mantienen con otras, y no por eso mi asentimiento se ve debilitado. Esas proposiciones son vistas por mi mente de manera espontánea, directa, inmediata, por su contenido intrínseco, y no como el resultado de una serie de relaciones.

Ahora bien, los términos de una proposición pueden referirse o bien a cosas reales existentes fuera de la propia mente, o bien a productos de nuestro propio pensamiento, es decir, a nociones. Según sea el caso, la aprehensión será real o nocional. De manera proporcional, Newman llama reales o nocionales a los asentimientos, según hayan sido aprehendidos los términos de la proposición.

---

11 Cf. *ibid.*, p. 14. Sobre la diferencia entre *apprehend* y *understand* véase *GA*, p. 8.

Más próximo a lo real

En el pensamiento de Newman, lo real y concreto tiene prioridad sobre lo nocional y abstracto por varias razones: lo real "excita y estimula los afectos y las pasiones",[12] mientras que lo abstracto es incapaz de hacerlo; lo real es lo que conforma nuestra experiencia, mientras que lo nocional está ordenado a ella; lo real se refiere a objetos o "cosas" que podemos indicar con claridad; la aprehensión real penetra dentro del objeto, mientras que la nocional lo contempla desde fuera; lo real tiene precedencia, pues es el fin, la meta y la piedra de toque de lo nocional.[13] Newman observa que cuanto más cercana a la experiencia es la actividad de la mente, tanto más agudo e intenso es el asentimiento resultante, si es que llega a darse; por el contrario, cuanto más abstracto es el objeto, tanto más débil y soso es el asentimiento.[14] Con la inferencia, en cambio, ocurre lo contrario: funciona mejor cuanto más abstracta y nocional sea la aprehensión de los términos.

> Cuando una inferencia versa sobre cosas -escribe el autor-, tiende a convertirse en una conjetura o un presentimiento sin fuerza lógica; y cuando un asentimiento versa sobre nociones, tiende a convertirse en una pura afirmación que no llega a hacer una impresión personal en el que la hace. Si esto es así, tenemos la paradoja de que cuando la inferencia es más aclara, el asentimiento es más débil; y cuando el asentimiento es más intenso, la inferencia es más borrosa.[15]

---

12 *GA*, p. 12.

13 Cf. *ibid.*, pp. 11, 12, 33-35. Junto a la distinción entre proposiciones nocionales y proposiciones reales, Newman observa que ambas se dan muchas veces, si no es que siempre, en un solo acto: "Nay, as if by one and the same action, as soon as we perceive them, we also perceive that they are like each other or unlike, or rather both like and unlike at once. We apprehend spontaneously, even before we set about apprehending, that man is like man, yet unlike; and unlike a horse, a tree, a mountain, or a monument, yet in some, though not the same respects, like each of them. And in consequence, as I have said, we are ever grouping and discriminating, measuring and sounding, framing cross classes and cross divisions, and thereby rising from particulars to generals, that is from images to notions" (*ibid.*, pp. 31-32).

14 *Ibid.*, p. 35.

15 *Ibid.*, p. 41. Traducción de Josep Vives.

Absoluto

Newman admite que existen asentimientos más débiles que otros. Al mismo tiempo, una de las características del acto de asentir que subraya con más ahínco es que tiene un carácter absoluto, es decir, que no admite grados. Nuevamente nos encontramos frente a una aparente contradicción que es indispensable aclarar.

El asentimiento, por naturaleza, es "simplemente uno e indivisible y, por tanto, diferente de la inferencia, la cual siempre varía en fuerza".[16] Decir que el asentimiento es absoluto quiere decir que o se da de manera completa o no se da para nada, es decir, no admite grados. No se puede medio asentir o asentir un poco: "Un medio-asentimiento no es un tipo de asentimiento como tampoco una media-verdad es un tipo de verdad".[17] De la misma manera en que algo no puede ser medio verdadero o medio falso, tampoco puede medio asentirse, pues el objeto del asentimiento es la verdad y "así como el objeto es indivisible, de igual manera es el acto".[18]

Cuando en el lenguaje cotidiano hablamos de "verdades a medias" no queremos implicar que la verdad sea gradual; más bien nos referimos a una proposición que en un sentido es verdadera y en otro no. Pero en el sentido en que es verdadera, el asentimiento es radical. De manera semejante, cuando de forma ordinaria hablamos de un asentimiento medio o gradual, nos referimos a que nos sentimos inclinados a asentir, o a que asentimos sólo por un momento, pero no a un asentimiento incompleto o parcial. Para Newman, la mente no puede adherirse a medias a una proposición: o la acepta o no la acepta, sin términos medios.

¿En qué sentido, pues, habla Newman de asentimientos fuertes y de asentimientos débiles? Ya he dicho que el asentimiento supone algún tipo de aprehensión de los términos, y que dicha aprehensión puede ser real o nocional. También expliqué que lo real tiene precedencia sobre lo nocional, pues ejerce una fuerza y crea una impresión en la mente con la que nada abstracto

16 *Ibid.*, p. 38.

17 *Ibid.*, p. 175.

18 *Idem.*

puede rivalizar. Por ello, cuanto más reales son los objetos de la aprehensión, tanto más fuertes son los asentimientos, pues "está en la naturaleza humana que le afecte más lo concreto que lo abstracto".[19]

Ahora bien, es precisamente por el hecho de que hay aprehensiones más fuertes, más vívidas y más intensas que los asentimientos pueden variar en fuerza. No es lo mismo asentir a la proposición "hay tantos números pares como nones" que "mi hijo está gravemente enfermo". Sin embargo, Newman explica que "es esta variación en la aprehensión de la mente del objeto al que se asiente, y no la incompletud en el asentimiento mismo, lo que nos lleva a hablar de asentimientos fuertes y débiles, como si el asentimiento mismo admitiera grados".[20] En otras palabras, podemos hablar de grados de asentimiento si con ello nos referimos a la fuerza o debilidad que deviene de la fuerza de la aprehensión del objeto al que se asiente, pero no al acto de asentir en sí mismo, que siempre es simple, uno e indivisible. Si se considera el asunto con el cuidado suficiente, explica Newman, se podrá ver que "este aumento o disminución de fuerza no radica en el asentimiento mismo, sino en sus circunstancias y concomitantes; por ejemplo, en las emociones, en la facultad discursiva o en la imaginación".[21]

Es cierto que no sólo reconocemos las cosas como verdaderas o falsas de manera radical, sino que a veces (o casi siempre) las aceptamos como probables, plausibles, con reservas y sospechas, etc. Más allá de que nuestros asentimientos sean débiles o fuertes, pareciera que no siempre nos adherimos a las proposiciones con la misma contundencia, pues realmente consideramos algunas proposiciones más cercanas a la verdad que otras, o más verosímiles. Newman está de acuerdo con esto, pero explica, sin embargo, que en esos casos el asentimiento no es menos absoluto. Cuando experimentamos ese tipo de estados mentales, tenemos opiniones, las cuales son, en el fondo, "asentimientos a la plausibilidad, probabilidad, duda (*doubtfulness*) o inseguridad (*unstrustworthiness*) de una proposición".[22] No obstante, continúa Newman, cuando asiento

19 *Ibid.*, p. 37.

20 *Ibid.*, p. 37.

21 *Ibid.*, p. 185.

22 *Ibid.*, p. 176. Traducción de Josep Vives.

a una plausibilidad, probabilidad o inseguridad, "mi asentimiento, como tal, es tan completo como si asintiera a una verdad; no es un cierto grado de asentimiento".[23] En estricto sentido, asentimos a una verdad en cualquier caso, ya que la verdad es el objeto del asentimiento: "Si el asentimiento es la aceptación de una verdad, y la verdad es el objeto propio del intelecto, y nadie puede sostener condicionalmente lo que por el mismo acto sostiene como verdadero [...], entonces el asentimiento es una adhesión sin reservas ni dudas de la proposición a la que se da".[24] Por eso, así como no hay medias verdades tampoco hay medios asentimientos: "Del mismo modo que el objeto es indivisible, también lo es el acto".[25] El asentimiento es simple e indivisible, al contrario de la inferencia que siempre varía en fuerza.[26]

Cuando sostenemos una opinión que consideramos probable o inconfiable asentimos a la verdad de esa probabilidad o esa confiabilidad. Incluso en estos casos el asentimiento no es gradual, pues se acepta incondicionalmente que aquello es probable, o confiable, etc. Por ejemplo, yo puedo asentir a las siguientes proposiciones:

1. Platón escribió el *Gorgias*.
2. La proposición "Platón escribió el *Gorgias*" es verdadera.
3. La proposición "Platón escribió el *Gorgias*" es probable.

Las tres proposiciones expresan asentimientos completos y absolutos, aunque el objeto del asentimiento es distinto en cada una. En el primer caso, nos encontramos frente a un asentimiento real y simple. El objeto es la autoría de Platón. En el segundo y en el tercero nos encontramos frente a asentimientos nocionales y complejos o reflexivos. En estos casos el objeto no es ya la autoría de Platón, sino la condición de la primera proposición como verdadera o probable. En los tres casos, sin embargo, la mente se adhiere a la proposición con la misma absolutez. Antes de cada una de las proposiciones existe

23 *GA*, p. 176

24 *Ibid.*, p. 172.

25 *Ibid.*, pp. 175-176.

26 *Ibid.*, p. 38.

un "es verdad que..." tácito, pues las tres pretenden que se está afirmando algo verdadero:

1. [Es verdad que] Platón escribió el *Gorgias*.
2. [Es verdad que] la proposición "Platón escribió el *Gorgias*" es verdadera.
3. [Es verdad que] la proposición "Platón escribió el *Gorgias*" es probable.

Podemos observar que en la segunda proposición se considera verdadera la verdad de una proposición. Precisamente en ese tipo de asentimientos ubicará Newman a la certeza en su forma más pura, pues expresa la conciencia de que se conoce una verdad, como veremos más adelante.

Personal

Si queremos comprender la dimensión personal del asentimiento, será útil distinguirlo de la aserción. El asentimiento y la aserción se relacionan de manera semejante a la inferencia y la conclusión; mientras que la aserción y la conclusión son enunciaciones verbales, el asentimiento y la inferencia son estados mentales que existen en la interioridad del sujeto personal. La proposición afirmada es una exteriorización que refleja el asentimiento interno de la mente.

Para enfatizar que el asentimiento no es simplemente un complejo de palabras en la boca de una persona, sino un acto que reclama una auténtica adhesión de la mente a una proposición, Newman describe al acto de asentir como una aserción de la mente, es decir, como un acto interno al sujeto. No es la mera enunciación afirmativa de una proposición, sino que se refiere a un estado de adhesión que ocurre en el interior de la persona. El asentimiento, dice Newman, "en su misma naturaleza [...] es un acto de la mente, no de los labios".[27]

[27] *Ibid.*, p. 13.

Es cierto que el acto de asentir, cuando se vuelve consciente, siempre asume una forma asertiva. De otro modo no podría manifestarse ni hacerse explícito. Quizá tampoco podría reconocerse o reflexionarse sobre él a falta de una forma proposicional. Por ello, dice Rosario Athié que "si bien es cierto que se asiente afirmando, no toda afirmación es un asentimiento".[28] En otras palabras, el asentimiento no puede exteriorizarse más que a través de una afirmación. Sin embargo, es posible hacer afirmaciones que no se corresponden con ningún asentimiento auténtico. Una persona puede afirmar lo que sea, sin que ello implique que su mente esté en efecto adherida a aquello que afirma su proposición. Puedo decir, por ejemplo, "va a venir mi hermano" sin estar convencido de ello; o "quizá en algún mundo 2 + 2 no sea 4", sin que exista en mi mente el menor espacio para creerme tal afirmación. En inglés existe una expresión coloquial que recoge de manera espontánea lo que Newman quiere decir: "*You don't mean that*". Cuando una persona realiza una afirmación y no creemos que realmente expresa un acto interior de adhesión incondicional a la verdad de lo que dice, decimos "*you don't mean that*" o en español "no hablas en serio" o "ni tú te lo crees".

En resumen, no es posible que existan asentimientos sin personas. El acto de asentir es íntimo al sujeto y absolutamente personal. Por eso no existen asentimientos comunes. Asentir involucra al sujeto entero, con todo su aparato cognoscitivo-emocional. De ahí que no haya dos asentimientos iguales. Para Newman, cada asentimiento es único y perteneciente exclusivamente a una persona concreta y no hay manera de replicarlo, pues está ligado a un complejo de circunstancias subjetivas que no tienen igual.

---

28 Rosario Athié, "El asentimiento en J. H. Newman", en *Cuadernos de Anuario Filosófico*, Serie Universitaria, Publicaciones de la Universidad de Navarra, 2001, p. 17.

II. Los límites de la inferencia formal en contraste con el asentimiento

En el capítulo anterior expuse brevemente en qué consiste la idea de asentimiento que Newman propone en la *Gramática*. Revisé cinco características que lo distinguen de otros estados mentales, especialmente de la inferencia, a saber, que es incondicional, intrínseco, está más cerca de las realidades concretas que de las nociones, es absoluto y es personal. En el presente capítulo mostraré por qué, según Newman, no es posible que las inferencias formales, o la lógica, sean el único recurso de la mente para producir asentimientos. Más aún, cuando se trata de asentimientos sobre la realidad concreta, la lógica juega un papel secundario. Para el cardenal, la actividad mental es mucho más que inferencias formales. Cualquier intento de reducir la racionalidad humana a un paradigma silogístico nos obligaría a considerar irracionales a la mayoría de nuestros asentimientos, especialmente a los que se refieren a las cosas reales, lo cual sería contrafáctico.

Desde el punto de vista de Newman, el liberalismo supone dos asunciones erróneas: en primer lugar, que la "razón" tiene que ser la medida de lo real, por lo que debe investigar las verdades de cualquier religión como si fueran verdades de la misma naturaleza que las de la ciencia o las matemáticas; en segundo lugar, que la única forma de adquirir conocimiento legítimo es a través de la "demostración" o la argumentación formal.[1]

1 Cf. Sillem, *op. cit.*, vol. 1, pp. 61-62.

Los liberales sostienen que todo pensamiento o razonamiento genuino es, en última instancia, silogístico, lo cual implica que toda prueba racional debe ser reductible a la lógica formal.[2] Newman no puede aceptar una visión así, pues no se puede reconciliar con lo que ocurre de hecho. Desde su punto de vista, la lógica formal no es suficiente para asentir de manera absoluta a proposiciones que se refieran a la realidad concreta, ya que, si lo que sostienen los liberales fuera cierto, no podríamos legítimamente más que aceptar probabilidades, siempre con una dosis de duda e incertidumbre, lo cual implicaría forzar artificialmente la condición humana, porque es un hecho incuestionable que de manera ordinaria asentimos absoluta e incondicionalmente a una cantidad considerable de proposiciones reales.[3] El asentimiento en general –y la certeza como una forma específica de asentimiento– es para Newman un punto de partida, y la lógica formal, por sí misma, es incapaz de producirlo. Por eso, querer reducir toda la actividad de la razón a la lógica formal es simplificar prejuiciosamente la capacidad de la mente. Hemos visto que, para Newman, los asentimientos son actos absolutos e incondicionales, los cuales contrastan con la inferencia, que por su propia naturaleza es condicional y dependiente de premisas. La lógica formal tiene una serie de límites que le impiden dar cuenta exhaustiva de los asentimientos que realiza la mente humana. De alguna manera el asentimiento siempre va más allá del pensamiento demostrativo. Por esta razón, es imposible demostrarlo exhaustivamente, es decir, traducir a silogismos y experiencias formales las razones de nuestros asentimientos. Esto es muy importante para Newman porque explica el hecho de que nuestras creencias y certezas religiosas no se puedan reducir, sin más, a demostraciones silogísticas, lo cual, no obstante, no significa que sean inválidas, irracionales o contrarias a nuestra naturaleza. Antes de revisar cómo justifica Newman la razonabilidad de nuestros asentimientos, es importante que analicemos brevemente los límites del pensamiento demostrativo para ver por qué, según el autor, las inferencias son

---

2 Cf. *ibid.*, p. 63.

3 "[Real propositions] are composed of singular nouns… [Its] terms stand for things external to us, unit and individual, as 'Philip was the father of Alexander,' 'the earth goes round the sun,' 'the apostles first preached to the Jews'" (cf. *ibid.*, pp. 9-10).

incapaces de dar cuenta exhaustiva de nuestros asentimientos, particularmente cuando se refieren a realidades concretas.

Newman no es el primero en denunciar la incapacidad de la lógica formal para dar cuenta completa del conocimiento humano alcanzado por medio de la razón. Por ejemplo, dice Locke en su *Ensayo sobre el entendimiento humano*: "Si el silogismo debe ser considerado el único instrumento de la razón y el único medio, se seguirá que antes de Aristóteles no hubo nadie que pudiera conocer algo por medio de la razón",[4] o "un hombre conoce primero, y sólo entonces es capaz de probar silogísticamente. Así que el silogismo es posterior al conocimiento, por lo que el hombre tiene poca o ninguna necesidad de él".[5] El cardenal se inscribe en esta tradición que limita el alcance de la lógica formal; si bien le reconoce una utilidad importante, denuncia la incapacidad que tienen sus conclusiones de ofrecer elementos suficientes para producir asentimientos y para explicar las certezas que las personas tienen sobre la realidad concreta.

En el séptimo capítulo de la *Gramática* se nos ofrece un análisis extenso de los beneficios y los límites de la lógica formal. Es importante tener en cuenta que cuando Newman habla de lógica, lo que tiene en mente es la lógica que aprendió con Richard Whately, que es fundamentalmente aristotélica.[6] El mismo Newman indica que los términos "inferencia" o "razonamiento formal" son equivalentes al silogismo que Aristóteles estudia en el *Organon*.[7]

El punto central de la crítica de Newman a la lógica consiste en mostrar que cuando se desea hacer una demostración sobre un hecho singular, la inferencia siempre se queda corta, principalmente por dos motivos: "Primero, porque sus premisas son asumidas, no probadas; y segundo, porque sus conclusiones son abstractas, no concretas".[8] A continuación analizaremos cada una de estas razones con detenimiento.

4 John Locke, *An Essay Concerning Human Understanding*, 4.17.4. En adelante se citará como *HU*.

5 *Ibid.*, 4.17.6

6 Cf. Jay Newman, *The Mental Philosophy of Cardinal Newman*, Ontario, Wilfrid Laurier University Press, 1986, p. 137.

7 Cf. *GA*, p. 263.

8 *Ibid.*, pp. 268-269.

La asunción de premisas

El primer límite que Newman le encuentra a la lógica formal se parece al segundo de los Modos de Agrippa que Sexto Empírico desarrolla en sus *Bosquejos pirrónicos*: el modo *ad infinitum*. Sexto explica que "todo lo que se propone como prueba de alguna cuestión necesita a su vez otra prueba, la cual a su vez necesita otra y así *ad infintum*, por lo que no tenemos ningún punto a partir del cual establecer nada".[9] Newman conoce este argumento y sostiene acertadamente que lo único que podría frenar la regresión sería uno o varios primeros principios, o premisas innegables. Sin embargo, piensa que si acaso es posible reconocer aquellas "fuentes recónditas de todo el conocimiento",[10] no es gracias a la lógica. Quienes defienden aquellos principios como autoevidentes, los llaman autoevidentes precisamente porque "no son evidentes en ningún otro sentido".[11] La fuerza de su evidencia no depende de ningún ejercicio lógico que les preceda, y no hay recurso formal alguno del que dispongamos para reconocer su evidencia. Más aún, Newman sostiene que a través de silogismos no podemos siquiera probar que existan proposiciones autoevidentes. Merece la pena citar el argumento completo:

> La inferencia no llega a constituir una verdadera prueba en cosas concretas, porque en éstas no tiene dominio perfecto de su objeto, sino que ha de suponer las premisas. Para completar una prueba hemos de recurrir a otro u otros silogismos previos en los que se prueben tales suposiciones; y cuando estamos en éstos hemos de recurrir de nuevo a otros silogismos que prueben las suposiciones de los segundos silogismos. ¿Dónde acabará este proceso? Y hemos de añadir que cuanto más persigamos la investigación aguas arriba, tanto más tendremos que ocuparnos de líneas de argumentación más diversas, divergentes y numerosas. Al final, se presentarán una veintena de proposiciones que deberán todas ser probadas a partir de otras proposiciones más evidentes,

9 *PH* 1, pp. 165-167. La traducción a partir del inglés es mía.

10 *GA*, p. 269.

11 *Idem*.

> a fin de que puedan llegar a ser premisas de la serie de inferencias que termina en nuestra conclusión original. Pero ni aun aquí se termina la dificultad. Sería un descanso poder llegar al final a premisas innegables, por largo que fuera el camino que tuviéramos que seguir para alcanzarlas. Pero en este caso esta larga retrospección nos lleva al final a lo que se llaman primeros principios, los escondidos manantiales de todo conocimiento, con respecto a los cuales la lógica no nos proporciona una medida común para todas las inteligencias.[12]

El problema fundamental que Newman señala es que una inferencia silogística necesariamente tiene que asumir sus premisas en algún momento. De hecho, es precisamente sobre esas asunciones que descansa la prueba, y la verdad de la conclusión que depende de ellas. El uso correcto de la lógica nos permite evaluar si una conclusión es correcta o incorrecta, pero no si es verdadera o falsa. Para que sea verdadera, las premisas tienen que ser verdaderas. Pero la lógica no puede determinar tampoco si éstas son verdaderas o falsas. Solamente puede evaluar si a su vez fueron inferidas correctamente o no.

Jay Newman hace notar que el cardenal no se está refiriendo al hecho de que asumimos como funcionales las leyes de la lógica, sino que dirige nuestra atención hacia las mismas premisas, y a continuación le cuestiona: "¿Pero por qué una premisa tiene que ser una asunción? ¿Por qué no puede ser algo que conocemos?".[13] Por ejemplo, pongamos el mismo caso que Jay Newman: "Si el Sr. y la Sra. Brown se están abrazando y besando, entonces ya no están enemistados; se están abrazando y besando, por lo tanto, ya no están enemistados".[14] Según el comentador, el que ve a los Sres. Brown besándose, no tiene que asumir, por ejemplo, que se están besando, pues es testigo del hecho. Según él, "si Newman considera que no tenemos derecho a confiar en nuestros

12 *GA*, p. 269. Traducción de Josep Vives.

13 Newman, *The Mental Philosophy of Cardinal Newman*, p. 142. En el original en inglés aparece subrayada la palabra "know".

14 *Ibid.*, p. 140.

sentidos en este caso, entonces está siendo demasiado escéptico para su propia conveniencia como apologeta".[15]

A mi parecer, Jay Newman pierde de vista el núcleo de la tesis del cardenal. El autor de la *Gramática* no es de ninguna manera un escéptico, y no siente que no tenemos el derecho de confiar en nuestros sentidos. Newman no niega que podamos, en efecto, saber cosas; de hecho, mostrar eso es uno de los principales objetivos de la *Gramática*. Lo que sostiene es que la lógica, por sí misma, es insuficiente para lograr ese objetivo. La información que proveen los sentidos, por ejemplo, no es un silogismo, y no hay regla silogística alguna que nos enseñe cómo debe incorporarse esa información dentro de un argumento formal. Por supuesto que la sensibilidad nos proporciona datos valiosos; tan valiosos que precisamente por ello son imprescindibles. Sin embargo, no son premisas ni son conclusiones precedidas por silogismos anteriores.

Podemos aceptar como verdadero que los Sres. Brown se están besando si atestiguamos el hecho, pero no porque lo hayamos concluido a partir de uno o varios razonamientos formales. Tomemos por ejemplo la premisa "el señor y la señora Brown se están besando". Si tuviéramos que sostenerla como una conclusión de otro par de premisas, el silogismo anterior tendría que tener una estructura semejante a la siguiente: "Cada vez que mis sensaciones están organizadas de manera *x*, entonces los señores Brown se están besando; mis sensaciones están organizadas de manera *x*; por lo tanto, los señores Brown se están besando".

Pero, ¿cómo puedo saber que cuando mis sensaciones se presentan con una configuración semejante a *x*, significa que los Sres. Brown se están besando? Digo "semejante a *x*", porque de hecho nunca percibimos composiciones sensoriales idénticas, por lo que, si de ellas dependiera nuestra supuesta conclusión "los Sres. Brown se están besando", cada silogismo utilizado para reconocerla nos conduciría al error de pensar que se trata de algo distinto, pues de hecho siempre se trata de una configuración sensorial única. Si usamos la configuración de sensaciones como un término medio en un silogismo, nos condenamos al fracaso, porque no hay manera de contener estáticamente, ni de

15 *Ibid.*, p. 142.

replicar, lo que nos presentan los sentidos. Esa sería la conclusión inevitable si nos atenemos al rigor y a la exactitud de la lógica formal.

¿Acaso puedo saber que cuando los colores, sombras, matices, texturas, etc. me aparecen combinados de tal o cual manera, significa que estoy viendo al Sr. Brown? Si quisiéramos indagar en cada una de esas premisas para identificar su origen más remoto, nos encontraríamos en algún momento con algunas proposiciones que no hemos probado ni podemos probar sin asumir antes una serie de principios, lo cual no significa que esos principios no sean premisas evidentes, ni que sean premisas de las cuales no podamos decir que sabemos que son verdaderas. Significa, si acaso, que hay algo más que la lógica capaz de formar nuestras premisas originales con fuerza y evidencia.

Alguien podría objetar que reconocemos el rostro del Sr. Brown porque encontramos en cada experiencia sensible del Sr. Brown un patrón unívoco, o unas proporciones estables que siempre son las mismas. Vemos, por ejemplo, que algunos programas de fotografía son capaces de identificar rostros, pues reconocen una relación de proporciones constantes en cada una de las imágenes. En realidad, esa objeción no haría más que alargar el problema. Al final, nos toparíamos nuevamente con la necesidad de asumir ciertas premisas para poder emprender el razonamiento. ¿Cómo es posible saber que un patrón *x* corresponde al rostro del Sr. Brown? ¿Cómo es posible saber que no hay dos rostros o más que tengan el mismo patrón? ¿Cómo es posible aplicar un patrón estable, que en el fondo es una abstracción, a una configuración sensorial siempre nueva y siempre única? Los rostros engordan, enflacan, envejecen, cambian de matices y de colores, se presentan con innumerables gesticulaciones. Podemos dejar de ver a una persona 20 años y, con todo, somos capaces de reconocerla. Al hacerlo, no aplicamos un patrón formal, sino que miramos su rostro como un todo complejo, con incalculables sutilezas y matices, y vemos en todos esos matices a aquella persona como una unidad integrada; no una relación de formas y proporciones. Aun si fuera posible clasificar la información sensorial para determinar formalmente que se trata del rostro del Sr. Brown, habría un enorme cúmulo de asunciones involucradas. ¿La información que me ofrecen los sentidos es veraz? ¿No podría tratarse de algún individuo idéntico al Sr. Brown? No hay nadie capaz de enlistar exhaustivamente todos los silogismos que se requerirían para demostrar con certeza que *x* persona es el Sr. Brown. Y quien procure construir una red de silogismos para lograrlo, se encontrará con la inevitable necesidad de asumir algunas proposiciones. Si podemos reconocer el rostro del Sr. Brown, no es por seguir reglas y hacer razonamientos formales.

Newman ofrece un ejemplo que puede servirnos para ilustrar esto con mayor claridad:

> Un dibujo difiere de un retrato de una persona en que éste no es una mera silueta continua, sino que contiene todos los detalles, las sombras y los colores armonizados: de la misma manera puede compararse el proceso multiforme e intrincado del raciocinio necesario para llegar a los hechos concretos, con la operación ruda del tratamiento silogístico.[16]

En el ejemplo anterior Newman contrasta la rigidez del silogismo, representada en el dibujo, con la complejidad de la realidad concreta, equivalente al retrato. Cuando observamos un retrato, lo percibimos con toda la viveza de sus detalles, irreductibles a un bosquejo. De manera semejante, para Newman podemos reconocer que los Sres. Brown se están besando, y podemos saberlo con seguridad, aunque no sea precisamente mediante un complejo de trazos formales. La premisa menor del silogismo que utiliza el comentador para criticar a Newman, a saber, "los Sres. Brown se están besando", puede ser muy evidente, y puede utilizarse legítimamente para construir una demostración, pero su evidencia no deviene de los artificios lógicos, sino de ese "proceso multiforme e intrincado del raciocinio" que revisaremos más adelante.

16 *GA*, p. 288. Traducción de Josep Vives.

La generalidad de las conclusiones

La segunda razón por la que, según Newman, el silogismo no puede ofrecer suficiente material para producir asentimientos más allá de la probabilidad es que "sus conclusiones son abstractas y no concretas".[17]

En la lógica aristotélica, la conclusión de un silogismo puede tener una de las siguientes cuatro combinaciones: universal-afirmativa, universal-negativa, particular-afirmativa y particular-negativa. Newman nota que ninguna de estas cuatro formas de concluir es capaz de predicar algo de un singular concreto, más allá del ámbito de lo probable. Sobre las conclusiones particulares, que son las más cercanas al individuo concreto, es oportuno observar que sus términos son generales, o nocionales en el lenguaje de Newman. Lo que hace particular a la proposición es el cuantificador "algún" o "algunos", que no se refiere a ningún individuo singular. Más bien, indica que al menos a uno de los individuos que pertenecen al género o la especie expresados en el sujeto de la conclusión se le puede atribuir el predicado del mismo género o especie, pero no se puede decir a qué individuo o individuos concretos se refiere. Esto significa que el silogismo particular de Aristóteles, ya sea en su forma positiva o negativa, no puede predicar nada, más allá de la probabilidad, de una realidad individual. Por ejemplo, si "algún *a* es *b*", no es posible decir, utilizando sólo la información que nos provee el silogismo, que "este *a* es *b*", sino que "es posible que este *a* sea *b*". Supongamos que concluimos mediante un silogismo que "algunos mamíferos son cuadrúpedos". Esa proposición, por sí misma, no me dice nada de un individuo mamífero concreto, salvo que es probable que sea cuadrúpedo. Si Juan me dice que tiene en su casa un animal mamífero como mascota, lo más que puedo saber de él, si me apego a la información que me ofrece la conclusión de mi silogismo, es que quizá ese animal sea cuadrúpedo. Cuando vea que la mascota de Juan es un perro, podré saber que se trata de un mamífero cuadrúpedo, pero lo que me confiere los elementos para asentir no es el silogismo mediante el cual concluí que "algunos mamíferos son cuadrúpedos", sino otra fuente de información. Las conclusiones particulares del

[17] *Ibid.*, pp. 268-269.

silogismo aristotélico, por tanto, no son capaces de decir con certeza nada del individuo singular, sino que tan sólo permiten predecir probabilidades.

Jay Newman acusa al cardenal de arcaico y sostiene que su propuesta es obsoleta frente a la lógica formal moderna. Según él, Newman no toma en cuenta figuras formales como el *modus-ponens*.[18] Sin embargo, no encuentro ninguna razón, aparte de una lectura injusta de la *Gramática*, para sostener aquello. Es verdad que en el *Organon* de Aristóteles no aparecen cuantificadores o términos singulares, pero ya en Ockham podemos observar una ampliación del silogismo aristotélico que sí los incluye. Los ejemplos de Sócrates se han vuelto inmortales:

Todo hombre es animal;
Sócrates es hombre;
luego Sócrates es un animal.

O este otro, que predica del singular en su premisa mayor:

Sócrates es blanco;
Todo hombre es Sócrates;
luego todo hombre es blanco.

Newman está completamente familiarizado con este tipo de aplicaciones del silogismo aristotélico, por lo que podemos suponer que su crítica a la lógica formal se extiende a ellas. En efecto, varios de los ejemplos que ofrece utilizan la forma del *modus-ponens*.[19] Por ejemplo:

Todos los hombres tienen su precio;
Fabricius es un hombre;
él tiene su precio.

---

18 Cf. Newman, *The Mental Philosophy of Cardinal Newman*, p. 141.

19 Cf. *GA*, p. 182.

Al igual que Fabricius, en sus ejemplos aparecen individuos como John, Richard, Robert o Elias; además de lugares, autores, obras literarias, etc. No veo entonces cómo es posible sostener que figuras como el *modus-ponens* son extrañas para Newman. Es verdad que su paradigma de silogismo es el del *Organon*, pero la *Gramática* muestra una gran familiaridad con las distintas aplicaciones que se han hecho de la lógica aristotélica a lo largo de la historia. Para Newman, tampoco el *modus-ponens* puede proveer certeza sobre la realidad concreta, más allá de la probabilidad, a pesar de ser el prototipo del silogismo que predica sobre el singular.

El silogismo que pretende predicar sobre el singular en su conclusión sólo puede aproximarse a una prueba, pero no es capaz de superar el terreno de lo probable.[20] De hecho, según Newman, cuanto más concretos son los términos del silogismo, más imperfecto es su funcionamiento; y a la inversa, cuanto más abstractos son, más perfecta y exacta es la inferencia. En palabras de Newman:

> Si la notación simbólica es, según lo dicho, la perfección del método silogístico, se sigue que cuando los símbolos se sustituyen por palabras hay que procurar circunscribir y reducir su significado lo más posible, no sea que acaso A no signifique siempre exactamente A, y B no signifique B. Además, hemos de procurar hacer con nuestras palabras, en cuanto sea posible, como copias exactas de las ideas sobre las que tenemos poder absoluto, de manera que signifiquen exactamente lo que queremos que signifiquen; y, por otra parte, hemos de hacer que representen lo menos posible a las cosas externas, acerca de cuyo significado no tenemos conocimiento exacto, sino sólo un conocimiento tal que puede hacérsenos huidizo si nos entrometemos en ellas sin las precauciones del método científico. Los objetos concretos de las proposiciones son una continua fuente de dificultades en el razonamiento silogístico, pues destruyen la simplicidad y la perfección del proceso.[21]

20 Cf. *ibid.*, p. 279.

21 *Ibid.*, pp. 266-267. Traducción de Josep Vives.

Cuando el silogismo trabaja con abstracciones, o con aprehensiones nocionales, funciona mejor porque las abstracciones son realidades que sólo existen dentro de la mente; son perfectamente abarcables por nuestro lenguaje y, hasta cierto punto, podemos hacerles cuantos matices se requieran para desambiguarlas, de tal manera que operen con precisión y exactitud dentro del silogismo. Esto es posible porque una aprehensión nocional recoge un aspecto de lo real y lo despoja de la complejidad huidiza y fugaz del singular concreto, por lo que es infinitamente más simple y estable que la realidad singular de la cual fue abstraída.[22] En otras palabras, la riqueza y complejidad de lo real y concreto, revienta cualquier sistema silogístico; infinitas palabras e inferencias no hacen una sola cosa real. Para ilustrar esto, Newman ofrece varios ejemplos, como el que ya mencioné de Fabricius:

> Todos los hombres tienen su precio;
> Fabricius es un hombre;
> él tiene su precio.

Pero resulta que Fabricius no tiene un precio. La conclusión yerra, a pesar de que el razonamiento es correcto, "porque [él] es más que un universal; porque cae bajo otros universales; porque los universales están en guerra unos contra otros; porque lo que se llama un universal es sólo una generalidad; porque lo que es una generalidad no conduce a una conclusión necesaria".[23] Podría objetarse que la verdadera causa del error consiste en la falsedad de la premisa mayor, pues es un exceso decir que "todos los hombres tienen su precio", pero a Newman no le afectaría esta objeción. Según él, las proposiciones universales no provienen de razonamientos deductivos, sino de inducciones o analogías, lo cual significa que no pueden más que ofrecer probabilidades sobre las instancias singulares. Las unidades deben gozar del lugar prioritario, y los universales deben ordenarse a ellas, porque los singulares son las cosas auténticamente reales. Los universales no se pueden conmensurar con la realidad singular; su contenido

---

22 Cf. *ibid.*, p. 31.

23 *Ibid.*, p. 279.

recoge aspectos de las cosas, semejanzas, diferencias y relaciones, pero no las cosas mismas. Por eso, nunca deben ser sacrificados en nombre de los universales.[24]

Según Newman, por el hecho de que Juan sea un hombre no podemos concluir inmediatamente que se trata de un ser racional, apelando a la proposición general según la cual los seres humanos son racionales. Podría ser el caso de que Juan fuera un idiota. Es correcto concluir, a lo mucho, que es muy probable que Juan sea racional. Apelar a la idea de "naturaleza humana", y decir que cualquier cosa que se denomine "ser humano" debe por fuerza incluir la racionalidad a costa de no ser hombre, es un error para Newman. Cuando hablamos de leyes y naturalezas, lo que en realidad hacemos es referirnos a generalidades: "Cuando la naturaleza y la historia de muchas cosas son similares, decimos que tienen la misma naturaleza", pero no hablamos de algo nuevo, distinto de las cosas mismas, sino de parecidos que hay entre ellas "no existe tal cosa como la humanidad estereotípica".[25] Cualquier cosa que se diga de la naturaleza humana en general puede ser desafiada por un hombre real, pues "cada cosa tiene su propia naturaleza y su propia historia".[26] Las generalidades que descubrimos observando a muchos individuos, nos permiten, para Newman, formular leyes que, si bien no son verdades inviolables, nos ofrecen diferentes grados de probabilidad de que sean aplicables y verdaderas en un individuo determinado. Pero no podremos estar seguros de ello hasta no hacer contacto experiencial con el particular, o a través de otros métodos. Las cosas reales son mucho más que universales, nociones y naturalezas, tanto que "ninguna cosa real puede ser diseccionada, mediante cálculos lógicos, en todas las posibles nociones generales que admite, ni, en consecuencia, puede ser recompuesta a partir de ellas".[27] La realidad es irreductible al lenguaje verbal y al sistema lógico formal, por lo cual su uso no es suficiente para predecirla o demostrarla más allá de la probabilidad.

Sillem explica que, para Newman, "aunque la mente humana puede desentrañar mucho de lo que se nos oculta en la oscuridad, los procesos mentales

24 Cf. *idem*.

25 *Ibid.*, p. 280.

26 *Idem*.

27 *Ibid.*, p. 282.

implicados en ello son mucho más complejos que cualquiera de los sugeridos por Descartes o Locke y sus discípulos. Simplificaron en exceso la complejidad del mundo real y del mundo mental al tratar la certeza únicamente como una cuestión de demostración rigurosa".[28] La lógica trata con abstracciones o simplificaciones de las cosas reales. Por eso, sus conclusiones no pueden tocar la cosa real. En última instancia, el comportamiento de cualquier cosa particular en el universo está condicionado por más leyes de las que un argumento abstracto puede considerar. En cualquier razonamiento formal hay un tácito *ceteris paribus* que condiciona el argumento. Las abstracciones capturan aspectos de lo real y los congelan en el tiempo; la mente puede trabajar con esas capturas, pero sólo servirán en el hipotético caso de que los aspectos y las circunstancias no capturadas permanezcan iguales. Las nociones, las reglas, las abstracciones y las formalidades no son las que tocan de manera directa a los individuos concretos; sólo sirven para acercarnos a ellos.

Una lectura más detallada de la *Gramática* permite reconocer la superficialidad de la crítica de Jay Newman. Sin embargo, hemos de reconocer que el cardenal falla en utilizar términos precisos, lo cual genera serias dificultades y confusiones que hacen necesaria una aclaración. Por una parte, sostiene que la lógica siempre ofrece conclusiones generales; por otra, nos presenta innumerables ejemplos en los que aparecen términos aparentemente singulares. En las primeras páginas de la *Gramática*, el autor reconoce que "hay [...] proposiciones compuestas por nombres singulares, cuyos términos representan realidades únicas e individuales, existentes fuera de nosotros".[29] Esas mismas proposiciones las podemos apreciar en algunas conclusiones. ¿Cómo es entonces que Newman sostiene que toda conclusión es una generalidad? Me parece que no puede sostener ambas cosas al mismo tiempo. O no hay términos singulares, o la lógica formal sí es capaz de producir conclusiones cuyos términos sean concretos.

Para resolver este problema es importante considerar en qué sentido los términos pueden referirse a un individuo, según Newman. Sabemos que llama proposiciones reales a las "que se componen de nombres singulares", y

---

28 Sillem, *op. cit.*, vol. 1, p. 104.

29 *GA*, pp. 9-10. Traducción de Josep Vives.

proposiciones nocionales a aquellas "en las que uno o ambos términos son sustantivos comunes que representan lo que es abstracto".[30] Sin embargo, enseguida sostiene que "la misma proposición puede admitir ambas interpretaciones a la vez y puede tener un sentido nocional al ser usada por uno y un sentido real al ser usada por otro".[31] Esto significa que, por sí mismos, los términos no son ni nocionales ni reales. Por otro lado, un término real no se puede construir acumulando nociones, es decir, para Newman lo real no es un mero conglomerado de clases o de universales, o de significados abstractos. Por eso, las puras inferencias, sin la intervención de otro tipo de fuentes, no pueden tocar la realidad concreta. Lo que permite que un término sea real es la aprehensión del sujeto, quien es el que hace contacto con lo real de una manera mucho más orgánica y compleja de lo que permite el recurso del razonamiento formal.

Veamos, por ejemplo, un silogismo en el que la conclusión presenta términos que admiten una interpretación real: este coche es de quien lo pagó; Alejandro pagó este coche; por lo tanto, este coche es de Alejandro. Si, para alguna persona, Alejandro es alguien desconocido, pero se ha formado una idea de él acumulando nociones, esa persona no puede hacer una aprehensión real del término "Alejandro". La posibilidad de aprehender la realidad concreta de Alejandro depende de la experiencia, la cual supera con su riqueza los límites rígidos de la lógica.

En mi opinión, sería más preciso decir que la lógica sí puede tocar la realidad concreta, pero no por sí misma, sino con el auxilio de recursos que la completan, de los cuales haré una revisión más adelante. De cualquier manera, la intención de Newman es mostrar que la inferencia formal, por sí misma, apenas nos aproxima a hacer juicios probables cuando se trata de pronunciarse acerca de lo real. Y esto es cierto si se reduce la racionalidad a la formalidad lógica, pues las fuentes que habilitan la aprehensión real son irreductibles al lenguaje formal.

30 *Ibid.*, p. 10.

31 *Idem.* Traducción de Josep Vives.

La autenticidad del asentimiento

A pesar de los límites que tiene la lógica, Newman considera que sí somos capaces de hacer asentimientos completos e incondicionales sobre la realidad concreta, y sostiene, en contra de Locke, que esos asentimientos no guardan una proporción con las inferencias que los acompañan. Newman leyó con detenimiento el *Ensayo sobre el entendimiento humano* de Locke. Sentía una profunda admiración por el gran filósofo empirista y comulgaba con gran parte de sus propuestas y planteamientos. Sin embargo, en un momento crítico se aparta de él. A diferencia de Locke, Newman sostiene que el asentimiento no admite gradación.

En su *Ensayo sobre el entendimiento humano*, Locke sostiene que los grados de probabilidad obtenidos mediante argumentos y pruebas son, y deben ser, las bases sobre las cuales descansan nuestros asentimientos.[32] Si un investigador ama la verdad por la verdad misma, debe mantener sus asentimientos en proporción a la evidencia que haya sido recogida y no debe sostener "ninguna proposición con mayor seguridad (*assurance*) que la que garantizan las pruebas sobre las cuales está construida".[33] Si alguno, entonces, asiente en mayor grado de lo que las pruebas le garantizan y le aseguran, no ama la verdad por sí misma, sino que se excede en las pruebas por algún otro motivo, por lo que podríamos acusarlo de temerario e irresponsable.

Si aceptáramos con Locke que el asentimiento debe de ser proporcional a la fuerza de la inferencia que le precede, como una especie de eco de ella, nos veríamos obligados a aceptar también la inevitable conclusión de que, si las inferencias sólo permiten alcanzar conclusiones probables sobre la realidad concreta, igualmente los asentimientos no deberían rebasar el terreno de la probabilidad; de lo contrario se cometería una temeridad irresponsable. Cualquier asentimiento a una proposición real, por ejemplo, "ahora mismo estoy existiendo" o "me encuentro escribiendo una tesis en este momento" o "estoy ubicado dentro del territorio mexicano", sería un exceso, a no ser que se

32 Cf. *HU*, 4.15.1,4-5; 4.16.1.

33 *Ibid.*, 4.19.1.

le anteceda con la expresión "es probable que...". Sin embargo, Newman no está dispuesto a ceder terreno: para él, el hombre de hecho asiente absoluta e incondicionalmente a proposiciones reales.

La *Gramática* es una crítica contundente contra quienes *a priori* sostienen que, puesto que el silogismo –cuando se refiere a la realidad concreta– conduce solamente a probabilidades, la certeza es siempre un error.[34] Newman, en cambio, se esmera en mostrar cómo el asentimiento en general, y la certeza en particular, son actos genuinos de la mente, y no tan sólo ecos de la inferencia. La inferencia y el asentimiento contrastan sobre todo en que, como ya expliqué, si bien ambos actos son aceptaciones de una proposición, la característica específica de la inferencia es que es condicional, mientras que el asentimiento es incondicional y absoluto. Si no fueran actos distintos, si sólo existieran las inferencias, y los asentimientos sólo fueran como un eco de ellas, como una sombra que las sigue en la misma proporción y con la misma fuerza, tendríamos que renunciar a la posibilidad de asentir incondicionalmente a proposiciones sobre la realidad concreta, y con ello perderíamos también la posibilidad de tener certezas. Pero sostener que no asentimos realmente, ni tenemos certezas sobre lo concreto, es demasiado contrafáctico y artificial. Vivimos de esos asentimientos. Pensar que sostener verdades fuera de toda duda es una extravagancia, o un abuso irresponsable, sería tanto como decir que nuestra naturaleza es una extravagancia.[35] Newman ofrece numerosos ejemplos de asentimientos que damos con toda seguridad. Merece la pena leer una buena parte del pasaje, aunque sea extenso:

> Todos creemos, por supuesto, sin ninguna clase de duda, que existimos; que tenemos una individualidad y una identidad propias; que pensamos, sentimos, obramos en lo que es la morada de nuestra propia mente; que tenemos un sentido de la presencia del bien y del mal, de lo justo y lo injusto, lo verdadero y lo falso, lo bello y lo feo, sea el que sea el análisis de nuestras ideas acerca de estos conceptos. Tenemos una

[34] Cf. *GA*, p. 343.

[35] Cf. *ibid.*, p. 179.

visión absoluta ante nosotros de lo que sucedió ayer o el año pasado, de manera que sin ningún peligro de error podemos dar testimonio de ello en un tribunal de justicia por más serias que sean las consecuencias. Estamos seguros de que ignoramos muchas cosas, de que dudamos de muchas cosas, de que no dudamos de muchas otras.

Este tipo de asentimientos que damos a ciertas realidades no está limitado al círculo de nuestra conciencia interna. Tenemos una seguridad más allá de todo peligro de error de que nuestro propio yo no es el único ser que existe; de que existe un mundo externo a nosotros; de que este mundo es un sistema, un todo con partes, un universo regido por ciertas leyes; de que el futuro depende en parte del pasado. Aceptamos y mantenemos con un asentimiento sin reservas que la Tierra, considerada como un fenómeno, es un globo; que todas sus partes ven al Sol sucesivamente; que en ella hay vastas extensiones de tierra y de agua; que en ciertos sitios hay ciudades realmente existentes que se llaman Londres, París, Florencia y Madrid. Estamos seguros de que París y Londres, a no ser que hayan sido destruidas por un terremoto o arrasadas por un incendio, existen hoy tal como existían ayer cuando las dejamos.

Tomaríamos a risa la idea de no tener padres, aunque no nos acordamos para nada de nuestro nacimiento; o la idea de que no moriremos, aunque no tenemos experiencia del futuro; o la de que podríamos vivir sin comer, aunque nunca lo hemos probado; o que no existieron hombres antes de nosotros; o que el mundo no tiene historia; o que no ha habido naciones florecientes que han quedado destruidas, ni hombres célebres, ni guerras, ni revoluciones, ni arte, ni ciencia, ni literatura, ni religión.[36]

Y la lista continúa... La pregunta relevante para Newman no es si los asentimientos en general, y la certeza en particular, son posibles, pues evidentemente

[36] *Ibid.*, pp. 177-178. Traducción de Josep Vives.

lo son, sino en qué condiciones ocurren. Al contrario de lo que habríamos de concluir si aceptamos la propuesta de Locke, Newman observa que "la voz común de la humanidad" de hecho asiente frecuentemente, de manera completa e incondicional, sin depender de probabilidades: "Razonamientos y convicciones que yo considero naturales y legítimos, él [Locke] aparentemente los calificaría de irracionales, entusiastas, perversos e inmorales; y eso, me parece, porque consulta su propio ideal de cómo debería actuar la mente, en lugar de interrogar a la naturaleza humana [...] tal como se encuentra en el mundo".[37]

Newman acusa a Locke de intentar validar el conocimiento según criterios arbitrarios *a priori*, lo cual lo lleva a sostener conclusiones contrafácticas. Le reprocha haber construido una concepción de la mente humana, en lo que se refiere al asentimiento y a la inferencia, teorética e irreal. Sin embargo, la realidad es más fuerte que cualquier teoría, por lo que "ninguna teoría filosófica tiene el poder de imponernos una regla que no funcionaría ni un solo día".[38] Es tan evidente que nuestros asentimientos son inevitablemente incondicionales y completos, piensa Newman, que incluso el mismo Locke se ve en la necesidad de hablar en contra de su propia propuesta y se ve obligado a aceptar excepciones a sus principios generales:

> En su capítulo sobre "Los grados de asentimiento" dice [Locke] que "cuando alguna cosa particular, en consonancia con la observación constante de nosotros mismos y de otros, viene atestiguada por los informes concurrentes de todos lo que la mencionan, la recibimos tan fácilmente, y construimos tan firmemente sobre ella, como si fuera un conocimiento cierto, y razonamos y actuamos en consecuencia, *con tan poca duda como si se tratara de una demostración perfecta*". Y repite: "Estas probabilidades se acercan tanto a la certeza, que *gobiernan nuestros pensamientos tan absolutamente*, e incluyen en todas nuestras acciones tan completamente, como *la demostración más evidente*; y en lo que concierne a nosotros, las diferenciamos poco o

37 *Ibid.*, p. 164.

38 *Ibid.*, p. 179.

nada del conocimiento cierto. Nuestras creencias fundamentadas de esta manera se llegan a ser seguridad (*assurance*).[39]

Según Newman, el hecho de que Locke se vea en la necesidad de reconocer, inevitablemente, la facticidad de nuestros asentimientos, a costa de permanecer obstinado en un ideal artificial y falso de la condición humana, atestigua la fuerza de los hechos que no pueden ser ignorados, y la insuficiencia de su propuesta, que es incapaz de conciliarse con nuestra naturaleza como la encontramos en el mundo. El ideal de Locke no es compatible con el asentimiento que hacemos sobre razonamientos no demostrativos, el cual es para Newman:

> [...] un acto demasiado reconocido como para ser irracional, a menos que la naturaleza del hombre sea irracional; demasiado familiar para el prudente y lúcido como para ser una enfermedad o una extravagancia. Ninguno de nosotros puede pensar o actuar sin la aceptación de verdades, no intuitivas, no demostradas, pero sí soberanas. Si nuestra naturaleza tiene alguna constitución, algunas leyes, una de ellas es esta absoluta recepción de proposiciones como verdaderas, las cuales se encuentran fuera de la estrecha gama de conclusiones a las que la lógica, formal o virtual, está limitada.[40]

Filósofos como Locke, piensa Newman, pretenden ofrecer una medida lógica para producir asentimientos. Pero aquello es tan ridículo como si quisiéramos registrar la frescura con la que recibimos el aire leyendo la escala del termómetro.[41] Si nos sentimos calientes o fríos, "nadie nos convencerá de lo contrario insistiendo en que el termómetro está a 60°".[42] Esto quiere decir que, por más teorías que denuncien una desproporción entre las inferencias y los asentimientos, y por más que nos inviten a mirar esos asentimientos con suspicacia, el ser humano no puede dejar de asentir hasta el final un sinfín de proposiciones ni

---

39 *Ibid.*, p. 161. Las cursivas son de Newman.

40 *Ibid.*, p. 179.

41 Cf. *ibid.*, p. 180.

42 *Idem.*

de tener certezas, más allá de la probabilidad y de la duda, y no hay teoría ni medida que pueda evitarlo.

Newman procura mostrar cómo nuestros asentimientos de hecho rebasan la fuerza demostrativa que obtienen de las inferencias precedentes. Sin embargo, si nos condujéramos según la regla de Locke, nunca podríamos asentir de esa manera, a no ser que se nos acusara de insensatos. Y no asentir de esa manera, es decir, incondicional y absolutamente, es para Newman, no asentir en absoluto. Si Newman tiene razón en que debemos aceptar nuestros asentimientos como actos familiares y ordinarios, conformes a nuestra naturaleza, podemos esperar una explicación que nos muestre qué es lo que ocurre entonces en la mente humana para que pueda rebasar el soporte que ofrecen las inferencias y se instale con toda seguridad en el asentimiento más absoluto, libre de toda duda. En otras palabras, si las inferencias demostrativas no son un fundamento suficiente para que reposen nuestros asentimientos con la seguridad con la que de hecho reposan, ¿cuál es entonces ese fundamento? Newman plantea este problema al inicio la segunda parte de la *Gramática*: "¿Cómo es que una aceptación condicional de una proposición -como es una inferencia- puede llevarnos a una aceptación incondicional -como es el asentimiento-?".[43] Charles Frederick Harrold lo plantea preguntándose: "¿Cómo es que una proposición como 'yo moriré', la cual no está ni puede ser demostrada, sino sólo inferida, es sin embargo asentida mediante una adhesión absoluta (*unqualified*)?".[44] Según Newman, Locke admite que asentimos a algunas inferencias como si estuvieran demostradas porque las probabilidades se acercan tanto a la certeza, que gobiernan nuestros pensamientos absolutamente, como las demostraciones más evidentes. Nótese que la concesión de Locke señala que las probabilidades se *acercan* demasiado, pero no tocan la realidad de manera suficiente como para que pueda asentirse absolutamente. ¿Qué hay entonces entre las inferencias y esos asentimientos? ¿Es un salto irracional o hay alguna operación de la mente que lo justifique?

43 *Ibid.*, p. 157.

44 Charles Frederick Harrold, *John Henry Newman. An Expository and Critical Study of His Mind, Thought and Art*, Londres, Longmans, Green and Co., 1945, p. 150.

III. El asentimiento y el sentido ilativo

Si la inferencia formal no ofrece suficiente evidencia para asentir a proposiciones reales, ¿cómo es posible que estos asentimientos ocurran? En otras palabras, ¿con qué material cuenta la mente para pasar de la conclusión, que nunca rebasa las probabilidades cuando se trata de realidades concretas, al asentimiento absoluto e incondicional? Newman responde: "Es la acumulación de probabilidades, independientes unas de otras, que surgen de la naturaleza y las circunstancias del caso particular que se examina; probabilidades demasiado finas para servir por separado, demasiado sutiles y enrevesadas para ser convertibles en silogismos, demasiado numerosas y variadas para tal conversión, incluso si fuera posible".[1]

Para profundizar en lo que Newman quiere decir, conviene revisar brevemente la influencia que tuvo sobre él Joseph Butler.

Newman y Butler

"Las obras de Joseph Butler –nos recuerda James W. Lyons– fueron atesoradas por la mayoría de los estudiosos de Inglaterra en el siglo XIX".[2] Entre los interesados en su trabajo se encontraba Newman, quien a la edad de 22 años leyó

1 *GA*, p. 288.

2 James W. Lyons, *Newman's Dialogues on Certitude*, Roma, Officium Libri Catholici, 1978, p. 39.

por primera vez *Analogía de la religión* y pronto consideró que Butler se encontraba a la misma altura que Newton, Atanasio, Agustín o Aquino.[3]

Butler comienza su *Analogía* explicando que "la evidencia probable se distingue esencialmente de lo demostrativo por el hecho de que admite grados [...]. La evidencia probable, por su propia naturaleza, no ofrece más que una clase imperfecta de información [...]. Para nosotros [seres limitados], la probabilidad es la guía misma de la vida".[4] Según Butler, existe evidencia a favor de la fe, pero en última instancia ésta se reduce a evidencia probable, y con ella nos tenemos que conformar. Para él, la certeza a la que el ser humano puede aspirar siempre estará acechada por una sombra de duda. Como explica George E. Horr, para Butler, "nos tenemos que conformar con una cantidad de evidencia que se queda muy lejos de ser una demostración".[5] La razón debe determinar hacia qué lado se inclina la balanza de la evidencia, la cual, por sí misma, se queda corta para valer como prueba demostrativa. No obstante, una vez que se determina la inclinación de la balanza, debemos actuar "*como si* la evidencia hubiera de hecho alcanzado el punto de la demostración".[6]

Para Butler, la certeza es constructiva. En otras palabras, dado que las razones para alcanzarla son insuficientes, el sujeto tiene que aportar el resto para poder actuar como si la evidencia hubiera sido conclusiva. Y precisamente ésta es, según Horr, la principal objeción que se le puede hacer: si la certeza es constructiva, entonces no es real, pues no está genuinamente justificada. Si bien es cierto que el balance puede ser suficiente para producir una certeza práctica, es decir, para poder actuar *como si* fuera conclusivo, no puede sin embargo producir una creencia cierta real, pues "la mente no puede dar honestamente su asentimiento a menos que esté convencida".[7]

En la *Apología*, Newman confiesa: "La doctrina de Butler de que la probabilidad es la guía de la vida me condujo [...] a la cuestión de la coherencia

3 Cf. *idem*.

4 Joseph Butler, *The Analogy of Religion. Natural and Revealed to the Constitution and Course of Nature*, Oxford, Clarendon Press, 1897, pp. 3-5.

5 George E. Horr, "Bishop Butler and Cardinal Newman on Religious Certitude", en *The Harvard Theological Review* 1, núm. 3, 1908, p. 347.

6 *Idem*.

7 *Ibid.*, p. 349.

lógica de la fe".[8] Newman valora seriamente el esfuerzo de Butler por ofrecer soportes racionales para sostener la creencia religiosa y adopta de él la idea de "razonamiento probable"; por otro lado, no está dispuesto a detenerse a medio camino y resignarse a permanecer en la sombra de las probabilidades y las dudas. Para el cardenal, cuyo interés principal es mostrar la legitimidad de la certeza religiosa, la probabilidad no es suficiente, pues la verdad quedaría reducida a una opinión y la religión a una condicional, como lo expresa el dicho popular: "¡Oh Dios, si acaso hay un Dios, salva mi alma, si es que tengo alma!".[9] Pero, "¿quién puede realmente rezarle a un Ser de cuya existencia duda seriamente?".[10]

Al comentar a Butler, Horr sostiene que la creencia religiosa no puede admitir dudas y ser meramente práctica, pues "en religión, la convicción misma es el asunto principal. En religión, la acción que no procede de una mente convencida y de un espíritu en paz consigo mismo, es de una naturaleza magra y prudencial, y se encuentra totalmente desprovista de esa confianza exultante y ese abandono de sí mismo son los frutos de una devoción y el heroísmo cristianos".[11] Podemos suponer que Newman estaría de acuerdo con la crítica de Horr, pues la religión –al menos la cristiana– es primordialmente una relación personal en la que se establecen vínculos de amor, amistad, confianza, etcétera, y no se puede mantener una relación personal real con alguien de quien se duda seriamente acerca de su misma existencia. Una relación con alguien de quien se duda sería una relación con una hipótesis, no con una persona. Pero para el cardenal no se puede amar a alguien si no se tiene certeza de que ese alguien existe verdaderamente.

Independientemente del caso de la religión, para Newman es imposible que las creencias de una persona se reduzcan a meras probabilidades, pues las probabilidades mismas suponen previas certezas que las posibiliten. En el séptimo capítulo de la *Gramática*, Newman evalúa si la probabilidad es efectivamente la guía de la vida. En general, le parece que la máxima, explicada correctamente,

8 *Apo.*, pp. 10-11.

9 Newman cita este dicho popular en *Apo.*, p. 19.

10 *Idem.*

11 Horr, *op. cit.*, p. 349.

es verdadera. Sin embargo, se encuentra lejos de la verdad si perdemos de vista que cualquier probabilidad necesita arraigarse en primeros principios ciertos, sin los cuales "no puede haber conclusiones en absoluto y que, por lo tanto, la probabilidad presupone y requiere la existencia de verdades que son ciertas".[12] Esto quiere decir que, para poder evaluar algo como probable, requerimos de al menos una previa certeza -aunque sea virtual- que le ofrezca soporte a esa evaluación.[13]

¿Cómo podríamos considerar que algo es probable, es decir, verosímil y cercano a la verdad, si no contamos con un previo parámetro cierto para evaluar si efectivamente algo es o no probable? Por ejemplo, si una persona afirma que es probable que muera, pero que no lo puede afirmar con seguridad, necesariamente requiere, para sostener esa afirmación, un apoyo en previas certezas. En este caso, su afirmación presupone que muchos hombres, o todos, han muerto, que él mismo es hombre, que sabe perfectamente lo que es la muerte, que reconoce que ha vivido y seguirá viviendo, etc. Si no se contara con una colección previa de certezas consideradas como absolutamente verdaderas, no podría reconocerse nada como probable o improbable. Esta consideración lleva a Newman a afirmar que tenemos una absoluta necesidad de certezas y que si no estamos dispuestos a aceptarlo, aniquilamos todo tipo de conocimiento, incluso el modesto juicio probable.

Newman acepta la propuesta de Butler parcialmente. Se detiene en el momento en que nos confina a habitar dentro de un marco de meras probabilidades, pues si bien su propuesta consigue mostrar que las verdades de la fe cristiana son altamente probables, es también muy peligrosa para algunas personas, pues conlleva una "tendencia a destruir en ellas la certeza absoluta,

12 *GA*, p. 237. Una versión de este argumento puede leerse en *Contra los académicos*, de san Agustín. En el capítulo séptimo del libro segundo, Agustín presenta un diálogo que tiene con Trigecio sobre la precedencia que tiene la verdad ante la probabilidad. Leemos: "Tomé yo entonces la palabra y dije [...] ¿Sabes que lo probable recibe también el nombre de verosímil? –Así parece, dijo él [Trigecio]. –Luego la opinión de los académicos es verosímil. –Sí, respondió. –Examina, pues, esto con más atención. Si alguien, viendo a tu hermano, dice que se parece a tu padre, a quien no conoce, ¿no lo tomarás por un necio o mentecato? [...] La misma evidencia clama que son dignos de risa tus académicos, que en la vida quieren seguir lo verosímil, lo semejante a la verdad, ignorando ésta".

13 Sobre la certeza virtual o implícita cf. *GA*, pp. 212-213.

llevándolas a considerar cualquier conclusión como dudosa y a reducir la verdad a opinión".[14] La fe podría obedecerse o profesarse, pero no podría abrazarse con pleno asentimiento interno.

Ahora bien, Si Newman no está dispuesto con Butler a soportar un residuo de duda dentro de un marco de permanentes probabilidades, ¿qué pretende decir entonces cuando sostiene que lo que nos permite asentir incondicional y absolutamente "es la acumulación de probabilidades, independientes unas de otras, que surgen de la naturaleza y las circunstancias del caso particular que se examina"?[15] ¿No está acaso diciendo lo mismo que Butler? En efecto, el lenguaje que utiliza el cardenal cuando habla de razonamiento probable es muy semejante al que usa Butler, pero su significado no es el mismo. En una carta a su amigo J. D. Dalgairns, Newman manifiesta su preocupación acerca de la confusión de sus lectores sobre su uso del término "probable": "Se acusa a mi ensayo de negar la certeza moral y de sostener [...] que no podemos ir más allá de la probabilidad en las cuestiones religiosas. Esto está muy lejos de lo que quiero decir... Uso el término 'probable' en oposición a 'demostrativo'".[16] Como explica Lyons: "La palabra 'probable', en el uso de Newman, no implica ninguna deficiencia en la prueba. Para Butler sí significa algo menos que certeza. Para Newman, 'probable' sólo indica la naturaleza particular de la prueba, que es distinta de otras especies de evidencia. Se opone, no a lo que es cierto, sino a lo que puede ser demostrado al modo de las matemáticas".[17]

Para Newman, la acumulación de probabilidades, a diferencia de lo que ocurre con Butler, sí nos permite alcanzar, por la propia fuerza interna del cúmulo, un pleno asentimiento. Por ello, hablar de razonamiento probable no es lo mismo que hablar de razonamiento incierto o simplemente verosímil, sino de razonamiento no demostrativo.

---

14 *Apo.*, pp. 120-121.

15 *GA*, p. 288.

16 *LD* 11, p. 289.

17 Lyons, *op. cit.*, p. 49.

La voluntariedad del asentimiento

Algunas personas, como John Keble, cercano amigo de Newman, sugieren que después de las probabilidades ocurre un movimiento de la voluntad que abraza completamente y con certeza una verdad.[18] A Newman, sin embargo, no le satisfacen aún este tipo de soluciones, pues la fuerza que produce aquel asentimiento no es una fuerza que provenga de una completa justificación mental, sino que se explica mediante elementos arbitrarios que producen ese salto. Si así fuera el caso, no sería la razón quien ve la verdad y la abraza con certeza, sino un impulso ciego de la voluntad o de alguna otra pasión.

Para Newman, efectivamente se requiere el ejercicio de la voluntad para creer con certeza. Sin embargo, como explica Horr, "la mente no puede ser forzada a creer por un acto de la voluntad".[19] Eso no es lo que significa hablar de "la voluntad de creer". En estricto sentido, continúa Horr, "ninguna mente puede creer lo que no cree".[20] En el mismo sentido, Jamie Ferreira opina que, para Newman, la participación de la voluntad en la formación de creencias no implica arbitrariedad.[21]

En sus *Textos teológicos* Newman escribe:

> Sobre una inferencia de cualquier tipo ocurre un acto espontáneo y natural de la mente, ya sea de aceptación o de rechazo, el cual he expresado antes con la palabra "asentimiento", y he dicho que se encuentra bajo la jurisdicción de la voluntad [...]. Y si la inferencia, o la convicción, es (demostrada o) verdaderamente probada, entonces se da una aceptación o reconocimiento de ella muy especial [...]. Dicha aceptación se llama certeza.[22]

---

18 *Apo.*, p. 19.

19 Horr, *op. cit.*, p. 349.

20 *Idem.*

21 Cf. Jamie M. Ferreira, *Doubt and Religious Commitment. The Role of the Will in Newman's Thought*, Oxford, Nueva York, Clarendon Press, 1980, p. 60 y ss.

22 John Henry Newman, *The Theological Papers of John Henry Newman on Faith and Certainty*, Oxford, Nueva York, Clarendon Press, 1976, p. 14. En adelante me referiré a esta obra con la abreviatura *TP.*

Al comentar este pasaje, Ferreira sostiene que el asentimiento reflexivo es por una parte una aceptación que se encuentra bajo la jurisdicción de la voluntad, pero, por otra, es un acto espontáneo de la mente que percibe que algo no puede ser de otro modo.[23] Pero ¿cómo es posible que un acto se siga espontáneamente del testimonio de la mente y al mismo tiempo se le pueda atribuir a la voluntad? La versión de Keble nos ofrece un panorama en el que la voluntad interviene precisamente porque la mente no completa la prueba. Sin embargo, Newman no ve problema en que ambas cosas sean compatibles.

Para aclarar la ambigüedad, Ferreira sugiere que para Newman el juicio "yo debería estar cierto" o "yo debería aceptar *p* con certeza" es equivalente a la experiencia de la certeza. La decisión de que "*x* es cierto" es equivalente a la experiencia de que "*x* es cierto". Pero ¿es posible hablar de un acto voluntario que sea idéntico a una experiencia? Si entendemos por experiencia una compulsión pasiva e impersonal, no. Sin embargo, el reconocimiento de que algo es cierto tiene una naturaleza activa, pues el sujeto no está compelido a padecer esa experiencia, sino que está involucrado personalmente en todo el proceso discursivo que evalúa activamente las evidencias que en un momento dado producen esa experiencia de manera espontánea. Esto quiere decir que la certeza puede entenderse como una actividad voluntaria porque el sujeto actúa durante todo el proceso racional para que se produzca la experiencia, y puede entenderse como una experiencia porque la mente percibe que la verdad no puede ser otra más que esa, por lo que asiente espontáneamente a la proposición en cuestión. Cuando el individuo juzga que debe considerar que *x* es cierto es porque de algún modo ya ha visto que *x* no puede ser de otro modo y experimenta una obligación de reconocer o corroborar activamente la verdad de *x*. Pero para que el individuo juzgue que *x* es cierto, debe llevar a cabo un proceso que es a la vez racional y voluntario. La decisión de que *x* es cierto no es distinta de ese proceso racional.

Para Newman, a diferencia de lo que ocurre con Keble, la voluntad no es un relleno que completa el déficit de la razón. En su propuesta, tal déficit no existe. El rol de la voluntad no es tender puentes para alcanzar conclusiones

23 Cf. Ferreira, *op. cit.*, p. 53.

que la mente no puede lograr por sí misma, sino conducir de manera activa a la mente hacia esas conclusiones completamente accesibles a ella, y una vez experimentada la certeza, reconocerla, corroborarla y comprometerse con ella.

La necesidad de una lógica más amplia

En la opinión de Newman, el proceso de raciocinio tiene que ser suficiente para garantizar un asentimiento sobre la realidad concreta, sin necesidad de hacer saltos ciegos, lo cual sería imposible si restringiéramos toda prueba a la formalidad demostrativa, como ya vimos. A propósito de esto, Ferreira nos recuerda la discusión que encabezó John Wisdom en las Gifford Lectures de 1950.[24] Wisdom muestra su preocupación por lo que Newman llama inferencias concretas. Nos describe tres aproximaciones a la pregunta por la validez de ese tipo de inferencias: reduccionista, trascendentalista (o intuicionista) y escéptica. Bambrough ilustra la posición de Wisdom de la siguiente manera:

> Las posiciones pueden representarse mediante una analogía con el pesaje en una balanza. El escéptico observa, con razón, que el peso en la balanza de las pruebas nunca iguala el peso en la balanza de las conclusiones, y concluye erróneamente que la conclusión no está justificada. El reduccionista ve que la conclusión está justificada, y concluye erróneamente que la evidencia sí compensa el peso de la conclusión. El trascendentalista reconoce tanto que la conclusión está justificada como que las pruebas no igualan su peso. Por lo tanto, ofrece un peso de compensación –algo que asegurará el equilibrio entre lo que está en la escala de la evidencia y lo que está en la escala de la conclusión.[25]

Ante estas tres alternativas se encuentran inevitablemente quienes sostienen que si las premisas no implican lógicamente la conclusión, no es posible

[24] Cf. Ferreira, *op. cit.*, p. 26 y ss. Las Gifford Lectures de 1950 no se han publicado, por lo que Ferreira remite a dos autores que dan cuenta de ellas: Rendord Bambrough y Stephen Toulmin.

[25] Renford Bambrough, *Reason, Truth and God*, Londres, Methuen, 1969, pp. 69-70.

asentir plena y justificadamente a esa conclusión, a menos que se incluya algún tipo de "relleno". Newman, previendo el germen del problema escribe:

> Hay quienes, argumentando *a priori*, sostienen que, puesto que la experiencia sólo conduce por silogismo a probabilidades, la certeza es siempre un error. Hay otros que, aunque niegan esta conclusión, conceden el principio *a priori* asumido en el argumento, y en consecuencia se ven obligados, para vindicar la certeza de nuestro conocimiento, a recurrir a la hipótesis de las intuiciones, formas intelectuales y cosas similares, que nos pertenecen por naturaleza, y que pueden ser consideradas para elevar nuestra experiencia a algo más de lo que es en sí misma.[26]

En el texto de Newman encontramos un paralelo con los escépticos, en el caso de los primeros; y los trascendentalistas, en el caso de los segundos. Los primeros renuncian a incorporar "rellenos" irracionales; los segundos pretenden asegurar el balance entre la evidencia y la conclusión añadiendo una "pesa" a la experiencia, ya sea una intuición o un modo trascendental de argumento que sobrepasa lo que la evidencia misma es. Podemos observar también que en la cita no encontramos alguna postura que podamos equiparar a la del reduccionista de Wisdom, pues Newman ya ha dedicado suficientes páginas a mostrar que la evidencia no es reductible a la inferencia formal, por lo cual ni siquiera la considera una opción.

Ferreira identifica una equivalencia entre los escépticos de Wisdom y los Noéticos de Oriel de la época de Newman, entre quienes destaca Richard Whately.[27] Este último sostiene que "todo razonamiento, sobre cualquier tema, es un mismo proceso, el cual puede ser claramente exhibido en forma de silogismos".[28] Esta postura representa la máxima canonización del paradigma silogístico. Para Newman, de aquí se avanza muy pronto hacia el escepticismo. Este paradigma fue el que llevó a su amigo William Froude a afirmar: "Más firmemente que cualquier otra cosa creo esto: que sobre ningún tema, sea cual sea

26 *GA*, pp. 343-344.

27 Cf. Ferreira, *op. cit.*, pp. 28-33.

28 Richard Whately, *Elements of Logic*, Londres, John W. Parcker and Son, 1857, p. 184.

[...] mi mente (y hasta donde alcanzo a ver, la mente de cualquier ser humano) es capaz de alcanzar conclusiones absolutamente ciertas".[29]

La otra opción es la de quienes "rellenan" la experiencia para dar cuenta del balance entre evidencia y conclusión. El problema con esta postura es que el "relleno", llámese intuiciones, formas intelectuales, acto voluntario, etcétera, no confiere una garantía racional, pues precisamente se introduce para completar lo que la razón no puede alcanzar. ¿Cómo puede verificarse la racionalidad de ese relleno si no cae dentro del campo de visión del ejercicio de la razón? De cualquier modo, Newman piensa que no es necesario hacer más de nuestra experiencia, sino que, tal como es, podemos producir asentimientos plenos, tanto simples como complejos. La certeza, para él, es "una operación normal de nuestra naturaleza, que los hombres en general realmente realizan".[30] Está convencido de que "la voz común de la humanidad" es una prueba suficiente, y no hay necesidad de introducir rellenos extravagantes en la experiencia ordinaria. El problema de los trascendentalistas es que, como dice Newman, "conceden el principio *a priori* asumido en el argumento [de los escépticos]",[31] es decir, al igual que ellos, identifican lo racional con lo silogizable.

Bambrough señala que debajo de las tres posturas expuestas por Wisdom subyace la misma asunción: "La balanza debe estar en un equilibrio lógico antes de que pueda decirse que la conclusión está justificada".[32] En los tres casos se presupone como verdadero el ideal analítico, al que, según Toulmin, se le ha concedido demasiada importancia en el desarrollo de la epistemología:

> Se ha dado un lugar privilegiado a los argumentos respaldados por implicaciones (*entailments*): cuando se ha visto que las pretensiones de conocimiento se basan en evidencias que no implican analíticamente la corrección de la afirmación, se ha sentido que existe un "abismo lógico" que el filósofo debe encontrar alguna manera de superar o de eliminar, y como resultado ha surgido toda una serie de problemas

29 *LD* 19, p. 270.

30 *GA*, p. 344.

31 *Ibid.*, p. 343.

32 Ferreira, *op. cit.*, p. 70.

epistemológicos en torno a las afirmaciones científicas, éticas, estéticas y teológicas por igual.[33]

En otras palabras, la razón por la que se percibe una desproporción entre la evidencia y la prueba es que se ha sobrevalorado el paradigma analítico. Para Newman, si toda forma de racionalidad fuera formalizable, es decir, si la única forma de acceder a la verdad fuera a través de la lógica formal, efectivamente tendríamos que renunciar a cualquier forma de certeza sobre la realidad concreta. Sería posible, en todo caso, que produjéramos asentimientos prácticos, reconociendo que, a pesar de que la proposición a la que asentimos no está completamente justificada por la razón, la consideramos *como si* sí lo estuviera para efectos de una acción prudente. Newman, sin embargo, no confunde ese tipo de asentimientos con la certeza real. En *Via media*, escribe: "La evidencia es siempre incompleta, pero a veces es suficiente para la certeza real, [...] a veces sólo para lo que se llama certeza práctica, es decir, para lo que es prudente en la acción".[34] Tomar una proposición *como si* fuera verdadera no es lo mismo que asentir a su verdad. La certeza, para que realmente lo sea, debe referirse a la verdad.[35] Recordemos que, para Newman, la certeza no es un mero asentimiento simple, sino que es un acto reflejo que percibe una verdad junto con la percepción de que es verdadera. Los asentimientos simples nunca son especulativos. Sólo cuando se reflexiona sobre ellos se puede hablar de una certeza en sentido estricto. Si al momento de reflexionar se reconoce que la evidencia únicamente permite considerar que algo es probable, o apenas sirve para actuar prudentemente, entonces no se llega a alcanzar plena certeza sobre la realidad concreta. Por otro lado, para Newman, esa certeza real sí es posible, y no sólo en sentido práctico, sino también especulativo, a pesar de que la evidencia no sea completamente formalizable ni reductible al paradigma analítico.

---

33 Stephen E. Toulmin, *The Uses of Arguments*, Nueva York, Cambridge University Press, 2003, p. 9.

34 John Henry Newman, *The Via Media of the Anglican Church Illustrated in Lectures, Letters and Tracts Written Between 1830 and 1841 in Two Volumes*, Londres, Longmans, Green and Co., 1908, p. 87 n. 9.

35 Cf. *TP*, p. 128.

William Froude adopta plenamente el paradigma analítico y se decanta por la postura escéptica. Para él, puesto que las inferencias no son capaces de proveernos más que de probabilidades, y puesto que "incluso la mayor probabilidad alcanzable no justifica que la mente descarte el residuo de la duda",[36] la certeza es siempre imposible. Para pensadores como él, las probabilidades siempre incluyen un vestigio de duda, que responsablemente deberíamos mantener de manera permanente. Multiplicar probabilidades sólo nos acerca cada vez más a la certeza, pero nunca nos permite tocarla. Él encarna el prototipo de filósofos sobre los que recae la acusación de Dessain, según la cual algunas personas suelen tener el prejuicio de que las probabilidades sólo pueden conducir a más probabilidades, pero probabilidades, al fin y al cabo, capaces tan sólo de reducir la fuerza de la duda, pero no de eliminarla por completo.[37] Dessain atribuye este prejuicio al hecho de que tales pensadores han sido disciplinados artificialmente de acuerdo con un método científico y silogístico riguroso. Esto no significa que una educación de esta naturaleza conduzca necesariamente a padecer este prejuicio, aunque ciertamente ocurre con mucha frecuencia. Como ya expliqué, el método silogístico riguroso es relevante para Newman, pero no es suficiente para asentir de manera absoluta. La mente humana no se adhiere a verdades sólo por hacer inferencias formales, sino haciendo uso de lo que Newman llama una "más sutil y elástica lógica de pensamiento".[38]

En el sermón universitario Razón implícita y explícita, escrito en 1840, puede verse ya una anticipación de lo que Newman tiene en mente cuando habla de la necesidad de una lógica más amplia:

> La mente fluctúa de acá para allá, se extiende y avanza con una rapidez que es proverbial, y con una sutileza y versatilidad que desconcierta a quien la investiga. Va pasando de un punto a otro, y llega a cada uno de ellos mediante cierto indicio, o basándose en cierta probabilidad, o valiéndose de una asociación de ideas, o echando mano de una ley ya

[36] *LD* 19, p. 270.

[37] Cf. Charles S. Dessain, *John Henry Newman*, Oxford, Oxford University Press, 1980, pp. 157-158.

[38] *GA*, p. 359.

conocida, o aferrándose al testimonio recibido, o confiándose a una impresión entonces en boga, o a algún instinto recóndito o a un oscuro recuerdo. Y así va avanzando como el escalador de un precipicio muy escarpado, que asciende con rápida mirada, mano ágil y pie firme, sin que él mismo sepa cómo, más por su práctica y sus dotes personales que por ninguna norma, sin dejar huella e incapaz de explicárselo a otro.[39]

La idea de fondo de este pasaje es que la razón actúa mayoritariamente de manera implícita y espontánea. A este trabajo que la mente realiza espontáneamente, sin nuestra advertencia, Newman lo llama "razón implícita".[40] Se trata de una "energía viva y espontánea dentro de nosotros, y no de un arte".[41] Precisamente por eso, la gente que no ha recibido una formación silogística puede razonar, sin ni siquiera saber cómo opera su mente. La razón implícita permite a los niños, desde muy temprana edad, avanzar en el conocimiento del mundo sin necesidad de que sepan realizar inferencias explícitas.

En contraste con la razón implícita, Newman explica que la razón explícita surge de la reflexión que hace la mente sobre sí misma: "Cuando la mente reflexiona sobre sí misma empieza a sentirse insatisfecha con la ausencia de orden y método en el ejercicio, y entonces se pone a analizar los diversos procesos que tienen lugar durante el mismo, para relacionarlos unos con otros, y para descubrir los principios básicos con que se rigen".[42]

La mente indaga en los mecanismos que han ocurrido en su operación implícita y realiza, en palabras de Aidan Nichols, un "análisis de todo el movimiento de interpretaciones espontáneas de la experiencia".[43] Newman atribuye a Aristóteles la invención de la teoría que analiza el proceso del razonamiento

39 John Henry Newman, *Fifteen Sermons Preached Before the University of Oxford Between A.D 1826 and 1843*, Londres, Longmans, Green and Co., 1909, p. 257. En adelante me referiré a esta obra con la abreviatura *US*. En algunos casos señalados, he utilizado la traducción de Aureli Boix, *La fe y la razón. Sermones universitarios*, Madrid, Encuentro, 1993.

40 *US*, p. 259.

41 *Ibid.*, p. 257.

42 *Idem*. Traducción de Aureli Boix.

43 Aidan Nichols, "John Henry Newman and the Illative Sense: A Re-consideration", en *Scottish Journal of Theology* 38, núm. 3, 1985, p. 352.

implícito, la cual depende del principio de que "todo acto de razonamiento se ejerce ni más ni menos que sobre tres términos".[44]

Puesto que no todas las personas razonan explícitamente, no todas las personas son capaces de dar cuenta de las razones que las han llevado a asentir, lo cual no significa que carezcan de razones. Simplemente, a falta de reflexión, no son capaces de reconocer la estructura y el proceso de sus operaciones implícitas. El análisis del razonamiento, según Newman, da cuenta del proceso implícito, pero no es la reflexión la que produce una conclusión correcta ni la que aporta la racionalidad al proceso primario de la mente, que por sí mismo es ya racional.[45] Por falta de reflexión y análisis, las personas que carecen de formación silogística rigurosa no pueden explicar las razones de sus asentimientos, pero eso no significa que no tengan auténticas razones para asentir, pues el trabajo implícito y vivo de la mente es plenamente racional, y es mucho más vasto y complejo que aquello que puede ser explicitado por la mente y por el lenguaje.

Nichols piensa que esta distinción entre el trabajo consciente e inconsciente de la mente nos permite hablar de dos tipos de personas: las educadas y la gran mayoría. Las primeras están motivadas a asentir después de haber realizado una prueba lógica o científica; las segundas suelen aceptar verdades que no pueden explicar. Quienes opinan que no es posible alcanzar certeza más que mediante el trabajo lógico-científico que realizan las personas educadas, se encuentran ante el problema de que, si su opinión fuera verdadera, la vida práctica y social ordinaria sería imposible, pues de hecho está repleta de certezas reales que la posibilitan. Quienes reconocen, en cambio, que la mente trabaja con mucha más versatilidad que lo que puede ser plasmado por medio de silogismos, es decir, quienes reconocen que el trabajo implícito y ordinario de la mente es ya racional, no tienen la necesidad de apelar al razonamiento demostrativo como única fuente de certeza.

Volvamos ahora a la cuestión del salto cualitativo que ocurre cuando se pasa de la inferencia condicional, cuyo ámbito es el de las probabilidades, al

44 *US*, p. 258.

45 Cf. *ibid.*, p. 259.

asentimiento incondicional y absoluto. Si miramos el problema a la luz del sermón Razón implícita y explícita, podemos ver que el problema está mal planteado. No es que mediante inferencias formales, o razonamiento explícito, alcancemos cierto grado de probabilidad, sino que por medio de éstas explicitamos parte del complejísimo trabajo que la mente implícita ha realizado para posibilitar el asentimiento absoluto. Ese trabajo implícito es en el fondo un cúmulo incalculable de probabilidades, y lo que hacemos al reflexionar sobre la operación inconsciente es explicitar de manera aislada algunas de ellas. Esta "más sutil y elástica lógica de pensamiento" no es un salto de las inferencias a los asentimientos, sino que se refiere al trabajo vivo y espontáneo de la mente, el cual es anterior a las mismas inferencias formales. Por eso, reducir la idea de racionalidad al paradigma analítico es reducir a la mente misma, la cual trabaja de formas mucho más variadas y ricas de lo que la lógica formal es capaz de exhibir.

La operación del sentido ilativo

En la *Gramática*, Newman utiliza un lenguaje nuevo para distinguir la razón explícita de la razón implícita, y se sirve de esta distinción para explicar a qué se refiere cuando habla de una lógica más amplia. El cardenal distingue tres tipos de inferencia: formal, informal y natural. Hablar de una lógica más amplia consiste en reconocer las últimas dos. La primera se refiere a lo que comúnmente se denomina inferencia, es decir, al "razonamiento verbal de cualquier tipo".[46] Se distingue de la lógica únicamente en que esta última es su forma científica. Su función es "proveer una prueba y una medida común para el razonamiento".[47] Sin embargo, esta tarea sólo puede cumplirse en parte, pues para Newman es un error asumir que todo objeto de pensamiento puede expresarse adecuadamente por medio de palabras.

Las inferencias formales, o razonamientos explícitos, como Newman las llama en el sermón Razón implícita y explícita, son posteriores al trabajo

46 *GA*, p. 263.

47 *Ibid.*, p. 264.

que realiza la mente cuando se refiere a las realidades concretas. Sin embargo, si bien logran explicitar parte de ese trabajo, no son capaces de agotarlo. Para dar cuenta del *factum* del conocimiento sobre la realidad concreta hace falta reconocer a las inferencias informales, cuya presencia en la mente es anterior al proceso formal que las hace explícitas. Este trabajo primario lo realiza la misma mente viva, dinámica y personal, en su condición espontánea, mediante inferencias informales.

Para resaltar el significado de las características de este proceso de raciocinio, veamos el ejemplo que ofrece Newman: "Supongamos que quiero convertir a un protestante educado y reflexivo, y en consecuencia le presento un silogismo del siguiente tipo: –'Todos los protestantes están obligados a unirse a la Iglesia; tú eres un protestante: *ergo...*'".[48] Probablemente su respuesta consistiría en negar ambas premisas, para lo cual utilizará argumentos que derivan en otros argumentos, y aquellos en otros, y todos ellos "requerirían ser considerados por él según sus propios méritos, antes de que el silogismo lo alcance y, en consecuencia, vistos en conjunto, forman un despliegue de ejercicios inferenciales amplios y variados, más allá de lo calculable".[49]

En primer lugar, piensa Newman, "tiene obligación de someterse a este complicado proceso por la misma naturaleza de las cosas: obraría temerariamente si no lo hiciera, porque él es un ser concreto e individual, y por ello está sujeto a tantas leyes y puede ser a la vez objeto de tantos predicados, que no puede determinar de antemano su posición y su deber según la ley y la predicación de un silogismo particular".[50] Esto significa que tiene que matizar cada una de las premisas y decir "los protestantes están obligados a unirse a la Iglesia *en ciertas* circunstancias", y "yo soy protestante *en un cierto sentido*".[51] Para que el silogismo original lo alcance en su singularidad concreta, deben hacerse acotaciones circunstanciales.

A continuación, el protestante hará una serie incalculable de preguntas antes de aceptar cualquiera de las premisas. Cito el texto completo, consciente

48 *Ibid.*, p. 288.

49 *Ibid.*, p. 289.

50 *Idem*. Traducción de Josep Vives.

51 *Idem*.

de que es muy largo, pero es precisamente la complejidad y la longitud lo que permite apreciar el verdadero cúmulo de raciocinios incalculables con los que trabaja la mente:

> Así pues, antes de conceder la [premisa] mayor, preguntará si en realidad todos los protestantes están obligados a entrar en la Iglesia católica, si están obligados también en el caso en que ellos no sientan tal obligación, en que ellos estén satisfechos de que la religión que tienen es una religión segura, en el que estén seguros de que su religión es la verdadera; si están obligados también aunque tengan dudas graves acerca de la fidelidad doctrinal o la pureza de la Iglesia católica, aunque estén convencidos de que está corrompida, aunque su conciencia rechace instintivamente alguna de sus doctrinas, aunque la historia les haya convencido de que el poder del Papa no es de derecho divino, sino meramente algo en el orden de una simple providencia. ¿Están obligados si viven en una tierra pagana en la que no hay sacerdotes? ¿Están obligados si viven en un país donde no hay más que un sacerdote que les obliga a profesar como condición para ser admitidos en la Iglesia una verdad acerca de la cual no se dice nada en el credo del papa Pío IV, como, por ejemplo, que la Santa Sede es falible aun cuando enseña con autoridad, o que el poder temporal es una corrupción anticristiana? Nuestro protestante cree que por alguna de estas razones no tiene obligación de cambiar de religión; pero de repente se pregunta, ¿puede un protestante llegar a un estado en que realmente esté satisfecho de su propia religión, como hace un momento profesaba? ¿Puede llegar a creer que el protestantismo en su conjunto viene del cielo? ¿Qué cosas en el protestantismo pueden haber venido del cielo? Y esa porción del protestantismo que él cree que es de origen sobrenatural, si se examinan las cosas hasta sus orígenes, ¿no le viene al protestante por derivación de la Iglesia católica? ¿No es el protestantismo en sí mismo una negación? ¿No existía el catolicismo antes que él? ¿Puede tener certeza de que alguna de las doctrinas de la Iglesia católica no es de origen sobrenatural? Y así nuestro protestante se encuentra

con que ha de decidir qué es corrupción, cuáles son las señales de la misma, qué es religión, si hay obligación alguna de profesar una religión determinada, cuáles son los criterios de verdad y falsedad en materia religiosa, y cuáles son los derechos peculiares de la Iglesia católica.

De manera semejante, por lo que se refiere a la premisa menor, tal vez responderá que él no es un protestante, que es un católico de la primitiva e indivisa Iglesia, que es católico, pero no papista. Luego, ha de resolver las cuestiones acerca de lo que es división, cisma, la unidad visible, lo que es esencial y lo que es tan sólo deseable, los estadios provisionales en lo que se refiere a las pretensiones de la Iglesia y su compatibilidad con la libertad de juicio y la responsabilidad, la naturaleza del alma de la Iglesia en contraposición al cuerpo de la misma, lo que se llama la posición providencial y la responsabilidad de todo cambio, la sinceridad de su propósito de seguir la voluntad divina dondequiera que le lleve, la capacidad intelectual que tiene para investigar tales cuestiones.[52]

Ninguna de estas preguntas admite una demostración simple, pero cada una de ellas "lleva consiga un número de argumentos probables independientes, los cuales son suficientes, cuando se unen entre sí, para ofrecer una conclusión razonable sobre el punto en cuestión".[53] El protestante determina que, dadas sus capacidades, las preguntas admiten su deliberación; se forma un juicio definitivo sobre cada una de ellas y considera, de una manera u otra, su relación con el silogismo escueto que se le ofreció originalmente. Finalmente, alcanza una conclusión. Pero no lo hace por haber enumerado todas las consideraciones que se han entrecruzado en el proceso raciocinativo. Lo que le permite concluir es "una comprehensión mental de todo el caso en su conjunto y un discernimiento de su significado global, a veces después de larga deliberación, pero a veces también por un acto claro y rápido de su entendimiento. En

52 *Ibid.*, pp. 289-291. Traducción de Josep Vives.

53 *Ibid.*, p. 291.

todo caso se trata como de una recapitulación no escrita, algo como la suma de los términos de una serie algebraica".[54]

Este ejemplo procura sensibilizarnos ante el trabajo real que la mente realiza continua y espontáneamente. Según Newman, éste es el verdadero método mediante el cual razonamos cuando se trata de realidades concretas. Si lo concreto no está al alcance de las inferencias formales, sí está en cambio al alcance de la mente viva, que realiza innumerables inferencias informales y naturales, las cuales no son verbales. Estas inferencias tienen tres características:[55]

1. No superan a la forma lógica, sino que la complementan.
2. No tienen la plena advertencia de la mente.
3. Son condicionales.

El método de las inferencias informales no excede, según Newman, la forma lógica de la inferencia, pero su contenido "ya no es una abstracción".[56] Casey sugiere que el ejemplo del intento de convertir a un protestante al catolicismo pretende, principalmente, aclarar el significado de esta idea.[57] Siguiendo la misma estructura del razonamiento formal, la cual une a dos términos a través de un medio, la mente procede de forma semejante cuando articula inferencias informales sobre las cosas reales. La diferencia está en que en el ejercicio informal la mente espontáneamente percibe las conexiones que existen entre las realidades concretas, y procede, no ya de proposiciones a proposiciones, sino de cosas a cosas, de realidades concretas a realidades concretas, de un todo a otro todo.[58]

En segundo lugar, Newman destaca cómo el razonamiento informal excede lo que la mente puede advertir. Para entender mejor lo que desea explicar cuando dice que las inferencias informales no gozan de la plena advertencia de

54 *Idem*. Traducción de Josep Vives.

55 Cf. *ibid.*, pp. 292-293.

56 *Idem*.

57 Cf. Gerard Casey, *Natural Reason. A Study of the Notion of Inference, Assent, Intuition and First Principles in the Philosophy of John Henry Cardinal Newman*, Nueva York, Peter Lang Publications, 1984, p. 10.

58 Cf. *GA*, p. 330.

la mente, pensemos en el siguiente ejemplo: cuando un jugador de basquetbol lanza la pelota al cesto, en su cuerpo ocurren una infinitud de "cálculos" matemáticos para que el balón consiga hacer la parábola precisa y entre en la canasta. Sería prácticamente imposible escribir en un papel todos esos "cálculos" y desglosar cómo se distribuyó la fuerza por el cuerpo: ¿qué papel jugó este o aquel tendón?, ¿cuánto peso soportó cada uno de los dedos del pie?, ¿qué fuerza aplicó cada músculo de la pantorrilla? Todo ese complejo tiene como último propósito la realización de una parábola que bien puede expresarse con fórmulas matemáticas. Si acaso fuera posible desglosar todas y cada una de las intervenciones de las partes del cuerpo que contribuyeron para lograrlo, gastaríamos mucho papel. Y el acto se realizó en tan sólo un segundo, sin que el jugador tuviera siquiera que pensarlo. Análogamente, las razones que recoge la mente para asentir a una realidad son sumamente variadas, dinámicas y complejas; tanto, que no pueden todas ser expresadas mediante el lenguaje o la lógica formal ni es posible que la mente esté consciente de todas ellas. El conocimiento de lo concreto es conocimiento vivo, que no puede plasmarse en papeles muertos.

Newman ofrece una analogía muy elocuente para ilustrar esta elasticidad de la mente. Nos propone observar la manera en que somos capaces de reconocer un rostro joven o viejo, amable, pensativo, airado o presuntuoso. Se requiere un ojo de artista para hacer un análisis explícito y completo, de las líneas y sombras que determinan tal o cual parecer, pero no se requiere ser artista para poder reconocer la expresión de una persona. La mente, de manera implícita e inconsciente, identifica los rasgos del rostro y concluye sobre su estado, sin quizá poder dar cuenta verbalmente de ellos. A pesar de que nuestro reconocimiento de la expresión facial de un rostro es certero, no podemos calcular el cúmulo de observaciones o razones que inconscientemente hemos recogido: no podemos enumerarlas, ni transformarlas exhaustivamente en enunciados. Newman quiere hacer notar que no somos capaces de analizar adecuada y exhaustivamente las razones de nuestras conclusiones. A lo mucho, colocamos pequeños fragmentos del cúmulo en enunciados, y los exhibimos mediante inferencias formales.

Por último, las inferencias informales son condicionales, al igual que cualquier inferencia. Independientemente de que se refieran a la realidad concreta o de que ocurran sin la plena advertencia de la mente, contienen conclusiones esencialmente dependientes de sus premisas. Gerard Casey explica que la condicionalidad de la inferencia informal "es más problemática que la de una inferencia formal, ya que las premisas de una inferencia informal, a diferencia de las de una inferencia formal, son implícitas, y varían en número y en valor estimado según la persona que las sostenga".[59] Cuando alguien sostiene una conclusión a partir del razonamiento informal o implícito, visualiza la prueba como un todo compuesto de incalculables consideraciones. Newman compara la conclusión dependiente de la lógica informal con los objetos del sentido. Cuando captamos algo sensorialmente, lo percibimos como un todo unitario y no como una mera agregación de partes o suma de detalles: "lo asimilamos, lo reconocemos y lo discriminamos de otros objetos, todo a la vez".[60] Así es la visión intelectual que tenemos de una prueba sobre la realidad concreta: "Aprehendemos todo el conjunto de premisas y conclusiones como si fuera una sola cosa, como una especie de percepción instintiva de la conclusión legítima a través de las premisas, no por medio de una yuxtaposición formal de proposiciones".[61] De esta manera, captamos como una unidad la fuerza que proviene del cúmulo incalculable de probabilidades, y de esa aprehensión depende la conclusión. La naturaleza del antecedente, pues, es distinta en el caso de las inferencias informales que en el de las formales: en aquéllas, el antecedente es esa visión unitaria de un complejo cúmulo de probabilidades interconectadas; en éstas, es la yuxtaposición de dos premisas.

Esta lógica más amplia que reconoce la validez de las inferencias informales es lo que, según Newman, nos permite superar la frontera de las probabilidades. La mente, a través de una incalculable acumulación de probabilidades mutuamente independientes, es capaz de concluir y proveer certeza sobre las realidades concretas. Si bien es cierto que la suma de probabilidades, por sí misma, no nos permite tocar la verdad, la mente puede predecir la verdad cuando entreteje esas probabilidades y las ordena para fortalecerse entre sí. Por eso, según el cardenal, "la conclusión de una proposición real o concreta es algo que

59 Casey, *op. cit.*, p. 12.

60 *GA*, p. 301

61 *Ibid.*, pp. 301-302. Traducción de Josep Vives.

puede más bien preverse o predecirse que no alcanzarse".[62] No es, pues, por medio de silogismos invencibles que tocamos la verdad de la realidad concreta, sino por la fuerza, la variedad o multiplicidad de premisas, por sí mismas probables. La mente, en un momento dado, "adivina" o "predice" que una conclusión es inevitable, a pesar de que sus inferencias explícitas no le otorguen la posesión de esa conclusión.[63]

Esa facultad que recoge fragmentos de experiencia, y que opera mediante un complejo de inferencias formales e informales, y ordena la información para articular un juicio unificado, es lo que Newman llama "sentido ilativo". Charles S. Dessain explica que el término es una "palabra solemne para una cosa ordinaria [...]. Es simplemente nuestro intelecto, o razón, agudizado por la experiencia, trabajando inconscientemente, y llegando a sus conclusiones intelectual y razonablemente".[64] Es la perfección de la actividad intelectual compleja del órgano vivo que llamamos mente. Dessain cita un pasaje de la novela de William Cather, *Sombras en la roca*, para explicar qué es esta facultad de la que habla el cardenal:

> "Cuando no hay sol, puedo adivinar las direcciones como los indios".
>
> Aquí Auclair le interrumpió. "¿Y cómo es eso, Antoine?"
>
> Frichette sonrió y se encogió de hombros. "Es difícil de explicar, por muchas razones. Las ramas de los árboles son generalmente más grandes en el lado sur, por ejemplo. El musgo de los troncos está limpio y seco en el lado norte, mientras que en el lado sur es más blando y puede estar un poco podrido. Hay muchas pequeñas señales; si las juntamos todas, nos indican el camino correcto".[65]

---

62 *Ibid.*, p. 321. Traducción de Josep Vives.

63 Los términos que utiliza Newman son *divination* y *prediction*. Cf. *ibid.*, pp. 321, 331.

64 Dessain, *op. cit.*, p. 157.

65 *Idem.*

Al comentar este pasaje, Nichols subraya que la última parte explica elocuentemente el corazón del sentido ilativo: "Si las juntamos todas, nos indican el camino correcto".[66] Cuando el sentido ilativo alcanza conclusiones sobre la realidad concreta, lo hace recogiendo y articulando pequeñas indicaciones, ninguna de las cuales es conclusiva de manera aislada, pero coordinadas todas juntas por la mente viva, o sentido ilativo, producen algo superior a ellas mismas. La acumulación de probabilidades no es una mera adición, sino que cada una de ellas fortalece a las demás, y juntas, de manera orquestada, "indican el camino correcto".

Nichols sostiene, siguiendo a Newman, que en algún momento del proceso de la acumulación cuantitativa de evidencia ocurre un cambio cualitativo que logra extirpar cualquier posibilidad de duda. El recaudamiento de evidencia no simplemente hace más probable la conclusión de manera indefinida, sino que en un momento específico se toca la conclusión. Una mera suma de probabilidades nos permitiría, a lo mucho, atenuar los vestigios de duda de manera asintótica. Sin embargo, el sentido ilativo no se limita a sumar, sino que articula la información como un tejido de partes ordenadas en recíproca colaboración, hasta que la duda se arroja al exilio, pues la mente vislumbra que la conclusión es inevitable y que no puede ocurrir de otra manera. Escribe Nichols: "Extiende las piezas de un rompecabezas sobre una mesa y será apenas probable que aquello sea algo más que una colocación accidental. Arma el rompecabezas y no habrá ninguna duda".[67]

Si le dijera a una persona que su esposa le fue infiel, que yo soy testigo ocular del hecho, quizá se enfade conmigo, pues es tan importante para él la fidelidad de su esposa que haría lo posible para evitar creerse lo que le dije: antes pensaría que se trata de una mala broma o que confundí a su esposa con otra persona, etcétera. Si se acercara otro testigo y le dijera lo mismo, pensaría que nos pusimos de acuerdo para hacerlo caer en el engaño. Si en los próximos días más gente se sumara a la acusación, comenzaría a sospechar, pues sería muy difícil que personas tan distantes nos hubiéramos coordinado para

66 Cf. Nichols, *op. cit.*, p. 362.

67 *Ibid.*, p. 363.

engañarlo. Estaría nervioso y pensaría que probablemente es verdadero lo que le han dicho. Si se sumaran más testimonios de gente en la que confía, la probabilidad iría en aumento. Imaginemos que llega entonces a su correo una foto que atestigua la infidelidad; su sospecha crecería, aunque podría obstinarse en pensar que probablemente se trate de una muy buena edición de imagen. Si continuara acumulando evidencia, ligándola entre sí, en algún momento estaría completamente seguro de la infidelidad de su esposa. Tan seguro, que un testimonio más no le añadiría intensidad a su asentimiento, ni haría más cierta su convicción. El hecho de que en algún punto la nueva evidencia se vuelve trivial, muestra acertadamente que el asentimiento es cualitativamente distinto de la continua aproximación por vía de la probabilidad. No se trata ya de un aumento de probabilidad por cada testimonio. Cuando la mente ha articulado las fracciones de evidencia y las ha organizado en una unidad cuyas partes colaboran entre sí y se fortalecen respectivamente, llega un punto en el que nueva información no hace al asentimiento más fuerte o más cierto, sino que sólo lo reitera. La evidencia posterior al salto cualitativo de lo probable a lo cierto se vuelve entonces trivial o tautológica.

Ward nos recuerda el ejemplo célebre que Newman utilizó en una carta escrita para Canon Walker en julio de 1864:

> La mejor ilustración de lo que sostengo es la de un cable, el cual se compone de un número de hilos separados, cada uno frágil, pero juntos tan suficientes como una barra de hierro.
>
> Una barra de hierro representa la demostración matemática o estricta; un cable representa la demostración moral, que es un conjunto de probabilidades, por separado insuficientes para la certeza, pero, cuando se juntan, se vuelven irrefragables. Un hombre que dijera: "No puedo confiar en un cable, debo tener una barra de hierro", sería, en ciertos casos determinados, irracional e irrazonable: también lo sería un hombre que diga que debe tener una demostración rígida, no moral, de la verdad religiosa.[68]

68 Ward, *op. cit.*, vol. 2, p. 43.

El cable no posee la rigidez del silogismo o de la demostración científica, pero se ha hecho de una fuerza semejante, a pesar de que cada una de sus partes es frágil. La conclusión que alcanza el sentido ilativo es predicha, puesto que ningún silogismo formal puede hacerse de ella. Sin embargo, el complejo de hilos correctamente ordenados muestra que la conclusión es inevitable. En ese sentido, la conclusión obtenida por el sentido ilativo está fuera del campo visual de la lógica, lo cual no significa que no sea verdaderamente vislumbrada por la mente. William R. Fey explica que, al hablar del sentido ilativo, la intención de Newman es "defender una actividad intelectual compleja en contacto directo con la experiencia, demasiado rica y con un alcance tal que no se puede capturar en un silogismo".[69] Lo que el silogismo no puede hacer, esto es, tocar la realidad concreta, la mente de hecho lo hace, y de ese contacto reúne incalculables fragmentos para formar previsiones seguras. Lo que está fuera del campo de la visión de la demostración formal, por tanto, no está en cambio fuera del alcance de la visión de la mente viva, la cual prevé con precisión la línea que la asíntota es incapaz de alcanzar. Cuando Newman dice que las conclusiones del sentido ilativo sobre la realidad concreta están fuera de nuestro campo de visión (*out of sight*), no quiere decir que estén fuera de nuestro alcance de manera absoluta, sino que no podemos capturarlas formalmente, puesto que nuestra mente abarca más de lo que puede dominar.

Para mostrar que no es del todo extraña la actividad que realiza el sentido ilativo, Newman explica cómo de hecho estamos sumamente familiarizados con otro tipo de actividades que funcionan de manera semejante, pues operan gracias a facultades que tienen un paralelismo con el sentido ilativo. Entre otras cosas, compara al sentido ilativo con las bellas artes, de las cuales es imposible hacer reglas rígidas; con la convivencia humana, que tampoco puede reducirse a un cumplimiento de leyes generales; con el ejercicio de la justicia, que requiere de la sagacidad del juez para aplicar la ley al caso concreto, etc. Pero la más célebre de las comparaciones es con la *phrónesis* (φρόνησις) aristotélica.

69 William R. Fey, *Faith and Doubt: The Unfolding of Newman's Thought on Certainty*, Virginia Occidental, Patmos Press, 1976, p. 154.

La *phrónesis* y el sentido ilativo

En una carta dirigida a Froude en 1879, Newman escribe:

> Hay una facultad en la mente que he llamado sentido inductivo (*illativo*), la cual, cuando se cultiva y utiliza adecuadamente, corresponde a la *phrónesis* de Aristóteles, cuya competencia es, no la virtud, sino la "*inquisitio veri*", que decide por nosotros, más allá de cualquier regla técnica, cuándo, cómo, etc., para pasar de la inferencia al asentimiento, y cuándo y bajo qué circunstancia.[70]

Aristóteles habla de la *phrónesis* para referirse, en palabras de Newman, a "la facultad que guía a la mente en materias de conducta".[71] Es un "hábito práctico verdadero, acompañado de razón, sobre las cosas buenas y malas para el hombre".[72] Newman subraya el hecho de que, para determinar lo que es ser virtuoso, cómo se obtiene la idea justa y el estándar de virtud, cómo se debe aproximar uno en la práctica a su propio estándar, qué es lo correcto y lo incorrecto en un caso particular, Aristóteles "no nos refiere a algún código de leyes o a algún tratado moral",[73] porque no es posible hacer una ciencia de la vida humana aplicable al caso particular de un individuo. Sólo una facultad sumergida en la complejidad de las circunstancias concretas de cada caso puede responder a esas preguntas, y lo hace sin aplicar una norma rígida semejante al silogismo, pues tal norma no sería capaz de abarcar la complejidad incalculable de la experiencia concreta.

Un sistema ético, reconoce Newman, puede "proveer leyes, reglas generales, principios orientadores, un número de ejemplos, sugerencias, puntos de referencia, límites, precauciones, distinciones, soluciones a dificultades críticas",[74] pero no puede proveer una "metarregla" que resuelva cómo deben aplicarse esas

70 Ward, *op. cit*, vol. 2, p. 589.

71 *GA*, p. 354.

72 Aristóteles, *Ética nicomáquea*, 1040b4-5. En adelante se citará como *EN*.

73 *GA*, p. 354.

74 *Idem*.

reglas generales a los casos particulares. La regla nos permite evitar extremos, pero no puede determinar con precisión la solución específica que requiere el caso concreto. Sólo un órgano vivo inmerso en la experiencia podría realizar algo así.

Los conceptos, las normas y las inferencias carecen de la elasticidad que demanda el caso concreto en su complejidad existencial. Sólo una facultad igualmente concreta e inmersa en esa complejidad puede ser tan elástica como la experiencia demanda. Para ilustrar el sentido de esta elasticidad, Newman toma prestada de Aristóteles una imagen que le sirve para resolver el aparente conflicto que existe entre justicia y equidad. Explica Aristóteles que "lo equitativo es en verdad justo, pero no según la ley [...]. La causa de esto está en que toda ley es general, pero tocante a ciertos casos no es posible promulgar correctamente una disposición en general".[75] El problema de fondo es que la ley no puede abarcarlo todo, porque la realidad concreta siempre es más rica y diversa que lo que puede capturarse en lo general: "Sobre ciertas cosas es imposible establecer una ley"; más bien "hace falta un decreto".[76] El decreto al que se refiere Aristóteles debe ajustarse a la singularidad específica del caso concreto, que es indefinido e indefinible; debe ser, pues, como la regla de plomo utilizada en la arquitectura de Lesbos, que tiene la elasticidad suficiente para acomodarse a la forma de la piedra.[77]

De manera semejante a lo que hace la *phrónesis* aristotélica para determinar lo que es bueno o malo para el hombre, que es como la piedra que necesita de una regla flexible, el sentido ilativo de Newman determina lo que es verdadero o falso en la realidad concreta. Así como para Aristóteles la regla general no puede aplicarse por igual al caso concreto, la inferencia no puede alcanzar a la realidad del singular. Para determinar el curso de la acción buena en el caso concreto, Aristóteles apela a la *phrónesis*; para reconocer con precisión la verdad del singular, Newman acude al sentido ilativo. En ambos casos nos encontramos frente a un órgano o virtud irreductible a la regla rígida, flexible, versátil y maleable. Es la mente viva, inmersa en las circunstancias, piensa Newman, la que es capaz de articular una cantidad incalculable de información

75 *EN*, 1137b10-15.

76 *Ibid.*, 1137b27.

77 Cf. *ibid.*, 1137b30.

para determinar con precisión qué es lo bueno en tal o cual caso, o qué es lo verdadero en la realidad concreta inaccesible a la demostración científica.

A esta virtud, que Aristóteles coloca dentro del margen de la acción moral, Newman le concede una mayor extensión. Sin embargo, no considera a la *phrónesis* como una facultad general encargada de cubrir una multiplicidad de actividades humanas; explica, más bien, que se trata de un término abstracto que se refiere a una multiplicidad de facultades análogas. En otras palabras, la *phrónesis* no es una facultad referida a muchas actividades, sino un término referido a muchas facultades. Podríamos decir que hay muchas *phrónesis*. En efecto, piensa Newman, existen tantos tipos de *phrónesis* como virtudes. La razón fundamental de esto es la siguiente:

> El juicio, el buen sentido, el tacto que resplandecen en la conducta de uno en una materia, no se revelan necesariamente en otra. Como en los casos análogos de la memoria y del raciocinio, puede uno ser eminente en un aspecto de su carácter y mezquino en otro. Puede ser ejemplar en el ámbito de su familia y al mismo tiempo cometer un fraude fiscal; puede ser justo pero cruel, valiente pero sensual, imprudente pero paciente.[78]

Si la *phrónesis* fuera una sola facultad, no podríamos explicar entonces cómo un sujeto puede deliberar, juzgar o actuar bien en un aspecto y en otro no. Las personas suelen sobresalir en una línea de acción, juicio o deliberación, sin mostrar talento, sagacidad o buen sentido en el resto. Lo mismo puede decirse de las artes, las habilidades técnicas, las cualidades físicas, etc. En cada departamento, la *phrónesis* es como "una especie de instinto o inspiración, no una obediencia a reglas externas de la crítica o de la ciencia",[79] pero ese "instinto o inspiración" se encuentra acotado a una línea de acción específica.

Newman piensa que algo parecido a un instinto irreductible a la regla es reconocible en todas las actividades humanas. Si podemos reconocer con facilidad

[78] *GA*, pp. 356-357.

[79] *Ibid.*, p. 358.

que sería absurdo reducir el sentido poético a una fórmula, o el arte de la medicina a una regla, o las decisiones políticas a una receta rígida, etcétera, no debería ser tan difícil, le parece al autor, reconocer que en la actividad del raciocinio ocurre lo mismo. Claramente, cuando razonamos sobre cualquier materia procedemos con la lógica del lenguaje, pero Newman advierte que estamos obligados a complementarla con "la más elástica y sutil lógica del pensamiento, porque las formas por sí mismas no prueban nada".[80]

Para explicar con precisión la naturaleza, el alcance y los límites del sentido ilativo, Newman ofrece cuatro observaciones que lo delimitan desde diferentes puntos de vista: "Visto en sí mismo, según su objeto, según el proceso que utiliza, y según su función y alcance".[81] Visto en sí mismo, el sentido ilativo "es uno y el mismo en todas las cuestiones concretas, aunque empleado en ellas en medidas diferentes".[82] En otras palabras, siempre que razonamos sobre lo concreto, nos es necesario complementar la lógica de nuestro lenguaje con la más sutil y elástica lógica del pensamiento, pues las formas por sí mismas no prueban nada. De este modo se puede afirmar que el sentido ilativo interviene en toda actividad de raciocinio sobre lo concreto. Visto según su objeto, el sentido ilativo siempre está ligado a un departamento del pensamiento, por lo que una persona puede tenerlo bien dispuesto para la historia, por ejemplo, pero no para la filosofía. Desde el punto de vista del proceso que utiliza, el sentido ilativo procede siempre de la misma manera, es decir, reconociendo el límite de probabilidades convergentes. Visto desde su función y su alcance, en ningún caso puede el sentido ilativo examinarse mediante un criterio externo distinto de su propio testimonio.

El sentido ilativo opera "al principio, en medio y en el final de toda discusión e indagación verbal, y en cada paso del proceso".[83] Durante todo el acto del raciocinio está presente. Incluso para trabajar con la más rigurosa lógica, si se trata de la realidad concreta, el sentido ilativo es indispensable. Newman ilustra el complicado trabajo que el sentido ilativo tiene que realizar tomando

80 *Ibid.*, p. 359.

81 *Ibid.*, p. 358.

82 *Idem.*

83 *Ibid.*, p. 361.

por ejemplo una investigación histórica. ¿Cuál era el estado en que se hallaban Grecia y Roma en los tiempos prehistóricos? ¿Cómo se encontraba Grecia antes de las Olimpíadas? ¿Cuál era la situación en Roma antes de la guerra de Pirro?

> En una cuestión de este tipo, lo primero que tiene que hacer el investigador es decidir el punto del que ha de partir teniendo en cuenta los relatos que poseemos, desde qué punto de vista o por qué lado ha de abordarla, qué principios han de guiar su discusión, qué es lo que puede dar por supuesto, qué opiniones ha de dejar de lado por no tener importancia, qué argumentos son pertinentes y en qué casos, qué falsas soluciones hay que evitar, cuándo los argumentos serán suficientemente maduros para sacar una conclusión. ¿Ha de comenzar rechazando absolutamente todo lo que se había dicho hasta ahora? ¿O bien ha de retenerlo en sus líneas esenciales? ¿O ha de seleccionar algo de ello? ¿O ha de considerarlo e interpretarlo como algo mítico y alegórico? ¿O ha de defender que es digno de crédito, o al menos que tiene una autoridad aparente todo lo que no puede de hecho rechazar? ¿O no ha de destruir nada si no es tanto cuanto pueda reconstruir? Luego, en lo que toca al género de argumentos convenientes o admisibles, ¿hasta qué punto son la tradición, la analogía, los monumentos y datos aislados, las noticias imprecisas, las leyendas, los hechos y los dichos de épocas posteriores, el lenguaje, los proverbios populares, elementos que hay que tener en cuenta en la investigación? ¿Cuáles son los criterios de la verdad o del error, qué es probable, qué es sospechoso, qué es lo que promete distinguir la realidad de la ficción? Luego hay que contrapesar los argumentos comparándolos entre sí, y finalmente hay que tomar una decisión acerca de si puede sacarse conclusión alguna, o si hay ciertos puntos suficientemente probados y asentados, o si hay una conclusión probable o cierta.[84]

84 *Ibid.*, pp. 363-364. Traducción de Josep Vives.

Esta complejidad no es exclusiva de investigaciones históricas, sino que se extiende a todas las áreas del saber. La razón por la que difieren en sus conclusiones dos investigadores notables, bien disciplinados en el método científico y en el arte de la lógica, es precisamente porque cada cual posee una serie de asunciones, explícitas o implícitas, que intervienen espontáneamente en el proceso descrito por Newman, según el estado de la mente de cada uno de ellos. Todo el proceso ocurre bajo la dirección sutil del sentido ilativo; no es meramente una interacción de reglas rígidas y observaciones neutrales. Qué principios seleccionar, qué considerar probable o cierto, qué proposiciones seleccionar como relevantes, qué observaciones considerar confiables, son cuestiones que la mente determina según una complejísima visión del mundo, que es irreductible a un análisis exhaustivo. Incluso el escéptico que desea mantenerse completamente neutral, sin incluir asunciones en su argumento, está obligado a utilizar el sentido ilativo, pues "la duda en sí misma es un estado positivo de la mente, e implica un hábito mental definido, y por lo tanto conlleva necesariamente un sistema de principios y doctrinas propias".[85]

La investigación científica necesariamente requiere seleccionar principios, calificar proposiciones, discriminar entre lo verosímil y lo inverosímil. Ese trabajo se realiza a partir de una mente viva, que tiene una cosmovisión específica, un sistema de creencias y asunciones personales. Si no nos fuera permitido discriminar algunas proposiciones y seleccionar otras para conducir una prueba, no sólo nos extenderíamos en el argumento hasta el infinito, sino que no podríamos desarrollarlo en absoluto. Estaríamos, piensa Newman, "bloqueados por principios y teorías extravagantes, hipótesis gratuitas, cuestiones falsas, afirmaciones sin fundamento y hechos imposibles de creer".[86] Quien quiera argumentar y conducir una prueba tiene que realizar una serie de asunciones y establecer ciertos principios. Estos principios, piensa Newman, exceden el alcance de lo capturable por el lenguaje. En su estudio *Los primeros principios y*

85 *Ibid.*, p. 377.

86 *Ibid.*, p. 376.

nuestro camino hacia la fe, Rik Achten distingue cuatro tipos de principios en el pensamiento de Newman:[87]

1. Los que emanan de la naturaleza humana.
2. Los que son estrictamente personales.
3. Los que son producto de la edad, del ambiente, del carácter nacional, de la formación, de la cultura, de la profesión, etcétera.
4. Los que están limitados a un dominio particular del conocimiento humano.

El primer grupo se refiere a nuestra propia naturaleza. Se reconocen por instinto o intuición; por ejemplo, que existen cosas externas a nosotros mismos o que hay una diferencia en la cualidad moral de los actos. Los principios del segundo al cuarto grupo se generan en la persona a partir de la educación, la formación, el hábito, el estudio, la experiencia y demás circunstancias. En otras palabras, son producto del ejercicio del sentido ilativo. En general, suelen pasarnos inadvertidos, pues el sentido ilativo trabaja la mayoría de las veces sin nuestra plena advertencia. El conjunto de principios instalados en nuestra mente determina nuestro punto de vista personal, a partir del cual recibimos nuevas informaciones, evidencias, opiniones, situaciones, perspectivas, y las juzgamos, inmediata y espontáneamente, como probables o improbables.

La cosmovisión de la persona que investiga no sólo determina los principios a partir de los cuales inicia el argumento, sino que la acompaña activamente durante todo el proceso de raciocinio. En un momento específico del proceso, el sentido ilativo determina que la investigación ha llegado a su fin y ofrece un veredicto definitivo. Ese decreto final de la mente viva, singular, concreta, es el último testimonio de la verdad, según Newman. Podemos revisar parcialmente la formalidad del proceso, reflexionar sobre él, modificar el veredicto al incluir nuevas consideraciones, etcétera, pero el dictamen definitivo del sentido ilativo no es reductible a un análisis formal exhaustivo. Por eso, el

[87] Cf. Rik Achten, *First Principles and Our Way to Faith. A Fundamental-Theological Study of John Henry Newman's Notion of First Principles*, Nueva York, Peter Lang Publications, 1995, pp. 128-129.

cardenal confiesa que "no existe una prueba definitiva de la verdad, aparte del testimonio que nace de la propia mente".[88] El sentido ilativo es el último criterio de verdad. No se puede someter la validez de su sanción a una regla formal, pues ésta es incapaz de abarcar la totalidad del trabajo sutil y elástico de la mente viva. Nuevamente observamos un eco importante de la *phrónesis* aristotélica.

Para Aristóteles, "debemos atender a los dichos y opiniones indemostrables de los hombres de experiencia y de los ancianos o prudentes no menos que a las proposiciones demostrables",[89] precisamente porque hay verdad en ellas y no existen mecanismos formales para demostrarla. Si existieran tales mecanismos, Aristóteles nos remitiría a ellos, pero no lo hace, pues el último criterio de verdad es, en cambio, la voz del prudente.

El filósofo Pierre Aubenque, experto en Aristóteles, observa que el prudente no puede medirse por ningún valor trascendente, sino que es él mismo la medida del valor. La regla recta se encuentra individualizada en él.[90] Ahora bien, esto no significa que no exista un criterio real: si la inteligencia, sostiene Aubenque, "ya no es el reflejo de lo inteligible, no significa que ya no haya norma, sino que es norma en sí misma. Si Aristóteles abandona la trascendencia de lo inteligible, no es para sustituirla por la trascendencia ilusoria de algo irracional, sino por la inmanencia crítica de la inteligencia [...]. Se trata todavía de un fundamento intelectual, aunque sea bajo una forma nueva".[91] Esa nueva forma es precisamente a la que se está refiriendo Newman. Que el sentido ilativo sea el último criterio de verdad no significa que el conocimiento sea algo irracional o imposible; más bien quiere decir que el fundamento de la verdad no tiene una forma trascendente, sino que está en el testimonio de la mente misma.

88 *GA*, p. 350.

89 *EN*, 1143b11-14.

90 Cf. Pierre Aubenque, *La prudencia en Aristóteles*, Barcelona, Crítica, 1999, pp. 56-63.

91 *Idem*.

IV. La naturaleza de la certeza

Hemos visto en el capítulo anterior que, para Newman, el último criterio de verdad es el testimonio del sentido ilativo. Analizaremos ahora la idea de certeza que el autor desarrolla en la *Gramática*.

Para distinguir los tipos de asentimientos, Newman hace una doble división: por un lado, existen asentimientos reales y nocionales; por otro, los asentimientos pueden ser simples o complejos. Sobre la primera división ya he hemos hablado suficiente en el primer capítulo, ahora nos detendremos en la segunda, pues es indispensable para comprender el lugar que ocupa la idea de certeza en la *Gramática*.

Vimos ya que el asentimiento es la aceptación absoluta e incondicional de una proposición. Esta aceptación puede ser simple o compleja. En el primer caso, se trata de un asentimiento que se ejerce inconscientemente; en el segundo, la aceptación es consciente y deliberada.[1]

Según Newman, los asentimientos complejos o reflejos son pocos en comparación con la cantidad de actos semejantes que ocurren en la mente sin nuestra observación.[2] De hecho, la mayoría de los asentimientos que produce la mente son simples, lo cual significa, para el autor, que no advertimos la mayor parte de lo que somos:

---

1 Cf. *GA*, p. 189.

2 Cf. *idem*.

> Una gran cantidad de nuestros asentimientos no son más que expresiones de nuestras aficiones, gustos, principios, motivos y opiniones, ya sea dictadas por nuestra naturaleza o resultantes de nuestros hábitos; en otras palabras, son actos y manifestaciones de nuestro propio yo. Ahora bien, ¿qué cosa es más rara que el conocimiento del propio yo? En la medida en que nos ignoramos a nosotros mismos, son inconscientes los innumerables actos de asentimiento que realizamos incesantemente.[3]

El trabajo continuo del sentido ilativo constantemente está modificando nuestro punto de vista sin nuestra plena advertencia, pues la mente está realizando en cada momento asentimientos inconscientes. Por ejemplo, si tengo sed y veo un vaso de agua, sin necesidad de reconocer conscientemente la verdad de proposiciones como "ese vaso tiene agua" o "el agua sirve para saciar la sed", tomo el agua espontáneamente, pues mi mente asiente sin advertencia a tales proposiciones. Pensemos simplemente cuántos asentimientos inconscientes realiza la mente cuando una persona conduce un automóvil: cada pie "sabe" cuándo moverse, cada mano "sabe" si girar a la derecha o a la izquierda, la persona frena cuando mira la luz roja sin necesidad de reconocer explícitamente que "el rojo significa alto". Sin ese trabajo implícito de la mente, la vida sería imposible porque "ninguno de nosotros puede pensar o actuar sin la aceptación de verdades",[4] y las verdades que implícitamente se deben aceptar para realizar una acción simple, son incalculables o al menos inaccesibles a nuestra plena advertencia en el momento de la acción. Actividades tan simples como sentarse en una silla requieren que implícitamente se asienta a proposiciones como "la silla es sólida", "lo sólido me puede sostener", "lo que me puede sostener ahora, me puede sostener durante los próximos minutos", "ese material puede soportar mi peso", "si me siento experimentaré una sensación de descanso", etc. Cada individuo está adherido a un sinfín de proposiciones sin estar al tanto de ello, pues su mente ha asentido inconscientemente a ellas. Si le preguntamos a un sujeto sobre la existencia de un país llamado Japón,

3 *Idem.*

4 *Ibid.*, p. 179.

inmediatamente afirmará que Japón existe, y sin embargo nunca antes había asentido explícitamente a esa proposición. Se encontraba implícita en su colección de asentimientos simples. Sería impreciso decir que aquel sujeto ignoraba la existencia de Japón porque nunca había asentido conscientemente a la proposición "Japón existe". Más justo sería reconocer con Newman que hasta el momento en que lo hizo consciente, su asentimiento era simple. Lo mismo ocurre con el aprendizaje, pues en su mayoría nos pasa inadvertido. Casi todo ocurre inconscientemente. Eso explica cómo aprenden los niños incluso antes de tener conciencia.

Por otro lado, "a medida que el tiempo pasa, gradualmente y sin desearlo, por medio de la reflexión y de la experiencia, empezamos a confirmar o a corregir las nociones y las imágenes a las que dimos asentimiento".[5] Cuando la mente emprende una revisión de sus asentimientos simples, ellos mismos se vuelven objeto de estudio y de nuevos asentimientos. La mente revisa su propia actividad, consciente y deliberadamente, es decir, vuelve sobre sí misma. Cuando ocurre esta reflexión, se producen asentimientos plenamente advertidos. En este nuevo orden reflexivo, el sentido ilativo revisa las bases de sus asentimientos simples y procura explicar cómo se relacionan unos con otros.

Según Frederick D. Aquino, "por haber perdido de vista las distinciones entre las actividades irreflexivas del sentido ilativo, hay quienes han caracterizado a Newman como escéptico, fideísta, subjetivista y relativista",[6] e insiste en que una interpretación del sentido ilativo que pase por alto estas distinciones falla en valorar sus aspectos internalistas y externalistas, que tienen una modalidad específica y un rol propio dentro del aparato cognitivo.

La certeza, como Newman la entiende, a saber, como "la percepción de una verdad junto con la percepción de que es una verdad",[7] no se adquiere mediante una actividad espontánea, sino que requiere de un ejercicio consciente y riguroso. La conciencia de que se asiente a una verdad es condición para que ocurra la certeza. Saber algo simplemente no es tener certeza; la certeza implica

5 *Ibid.*, p. 194. Traducción de Josep Vives.

6 Frederick D. Aquino, "Externalism and Internalism: A Newmanian Matter of Proper Fit", en *Heythrop Journal - Quarterly Review of Philosophy and Theology* 51, núm. 6, 2010, p. 1024.

7 *GA*, p. 197.

"la conciencia de saber, tal como se expresa en la frase 'yo sé que sé', o 'yo sé que yo sé que sé', o simplemente 'yo sé', pues una sola afirmación refleja de la mente puede incluir toda la serie de actos de conciencia sin necesidad de expresar cada uno de ellos".[8] Naturalmente, nos preguntamos ahora: ¿cómo es posible saber que se sabe, y saber que se sabe acertadamente?

Aquino intenta aclarar a Newman con una distinción entre sentido ilativo incultivado y cultivado: el primero se refiere exclusivamente a la actividad irreflexiva de la mente, que podríamos equiparar con los asentimientos simples, mientras que el segundo incorpora las actividades reflexivas, y requiere un desarrollo de hábitos para operar acertadamente. Si observamos la actividad irreflexiva del sentido ilativo –la cual es equiparable, según Aquino, a lo que las ciencias cognitivas denominan automaticidad–[9] es natural que nos preguntemos si efectivamente esos procesos tácitos forman creencias verdaderas. Es aquí cuando el sentido ilativo, en cuanto facultad incultivada, se desenvuelve en una facultad de juicio cultivada. Newman sostiene que para las mentes cultivadas "existe una obligación, o más bien una necesidad de investigar acerca de las pruebas argumentales de aquello a lo que han dado su asentimiento".[10] Las personas educadas experimentan la exigencia de poner a prueba de manera reflexiva sus asentimientos simples para ser desarrollados por medio de un juicio maduro. Esta dimensión reflexiva, a pesar de tener un origen natural, requiere de práctica y experiencia para convertirse en un hábito. Su objetivo no es sólo conseguir creencias verdaderas y evitar creencias falsas, sino que apunta a una forma de entender más comprensiva e integrada.[11]

Los asentimientos simples, antes de ser revisados, "frecuentemente no son poco más que prejuicios".[12] Sin embargo, Newman no habla de certeza antes de que ocurra la laboriosa actividad reflexiva del sentido ilativo. En otras palabras, la certeza, para el autor de la *Gramática*, no se tiene por el mero hecho de asentir, sino que se adquiere asintiendo sobre un previo asentimiento:

---

8 *Idem*. Traducción de Josep Vives.

9 Aquino, "Externalism and Internalism", p. 1025.

10 *GA*, 192. Traducción de Josep Vives.

11 Cf. Aquino, *op. cit.*, p. 1026.

12 *GA*, p. 194.

el asentimiento simple y el reflejo conjuntamente forman el acto complejo de la certeza.[13] Por ejemplo, si realizo un asentimiento simple a la proposición "algún día voy a morir", todavía no puedo hablar de certeza. Hasta que no someto ese asentimiento simple a una evaluación, quizá no se trate más que de un prejuicio. Si reflexiono para discernir los fundamentos sobre los que descansa mi asentimiento, es posible que encuentre razones para abandonarlo o para asentir conscientemente a su veracidad. En este caso, el nuevo asentimiento no será exactamente igual al anterior. Si el asentimiento simple se adhería a la proposición "algún día voy a morir", el nuevo asentimiento complejo o reflexivo se adhiere a una nueva proposición cuyo predicado es un término general que puede referirse a la verdad, falsedad, probabilidad, credibilidad, etcétera, del asentimiento simple, como "la proposición 'algún día voy a morir' es verdadera" o "la proposición 'algún día voy a morir' es probable". Si la proposición del asentimiento simple era, por ejemplo, "el esposo de mi madre es mi padre", la proposición resultante del examen reflexivo será "la proposición 'el esposo de mi madre es mi padre' es verdadera" o "la proposición 'el esposo de mi madre es mi padre' es falsa". Puede apreciarse que al final del examen reflexivo se produce un asentimiento nocional que juzga la verdad de la proposición examinada. El resultado, ya sea aprobatorio o reprobatorio, es un asentimiento nocional a una verdad. Aunque en el segundo caso el predicado es la falsedad de la proposición, en el fondo es un asentimiento positivo, pues la proposición expresa el asentimiento positivo a la falsedad de la proposición simple. Esto último queda más claro si se reformula la proposición de forma positiva: "La proposición 'no soy hijo del esposo de mi madre' es verdadera".[14]

Para Newman, tener una convicción, o asentir simplemente, no equivale a tener una certeza. En un sentido impropio, sin embargo, sí admite que algunos asentimientos simples son certezas materiales (*material certitudes*) o certezas interpretativas (*interpretative certitudes*). Una certeza de este tipo se da cuando los que asienten, a pesar de no haber realizado una actividad reflexiva, podrían ofrecer las razones de su asentimiento simple en cuanto se les cuestionara sobre

13 Cf. *ibid.*, p. 216.

14 Newman llama "opinión" el asentimiento dado a la probabilidad de una proposición. Cf. *ibid.*, pp. 58, 195.

la veracidad de ellos. En palabras de Lyons, "esto ocurre cuando la certeza está presente, pero no es reconocida".[15] Quizá una persona, por ejemplo, ha realizado un asentimiento simple al hecho de que va a llover, lo cual se presume al verla tomar un paraguas y, aunque el asentimiento sea inconsciente, bastaría con cuestionarla para que ofrezca razones suficientes que den lugar a una certeza en sentido propio.[16]

Por otro lado, no todo lo que suele considerarse una certeza lo es en realidad. Escribe Newman: "La multitud de los hombres confunde lo probable, lo posible y lo cierto, y aplica estos términos a doctrinas y afirmaciones casi al azar. No tienen claro qué es lo que saben, lo que presumen, lo que suponen y lo que tan sólo afirman. Hacen poca distinción entre creencia, opinión y profesión; en varias ocasiones le dan a todo el nombre de certeza".[17]

Para distinguir una auténtica certeza de una mera convicción, Newman ofrece tres criterios o condiciones: "Que siga a la investigación y a la prueba, que vaya acompañada de un sentido específico de satisfacción y de reposo, y que sea irreversible".[18] Sobre la primera condición ya he tratado anteriormente: no puede llamársele certeza a lo que no se ha asentido deliberadamente después de reflexionar sobre sus bases racionales, tanto formales como informales.[19] La certeza sigue a la investigación y a la prueba; de otro modo "es un juicio precipitado, un capricho o un prejuicio".[20] Si la certeza no se sigue de una investigación rigurosa y no incluye pruebas suficientes, corre el riesgo de que se trate de una mera convicción que podría ser verdadera o falsa. Es verdad que, por un lado, existen convicciones falsas que se adquieren después de una investigación, pero no existen certezas que no hayan sido precedidas por una actividad rigurosa y consciente de la mente, pues para que el sujeto sepa que posee una verdad sin temor a equivocarse, requiere de la conciencia del propio trabajo que ha realizado para adquirir ese conocimiento. Ese trabajo reflexivo le permite al

15 Lyons, *op. cit.*, p. 81.

16 Cf. *GA*, pp. 211-212.

17 *Ibid.*, p. 234.

18 *Ibid.*, p. 258. Traducción de Josep Vives.

19 Cf. *ibid.*, p. 229.

20 *Ibid.*, p. 258.

sujeto tener razones para asentir a una proposición. Por otro lado, también es verdad que existen convicciones verdaderas que no han sido precedidas por una investigación; a ellas las llama Newman "prejuicios". Las certezas y los prejuicios tienen en común que son indefectibles, pero se distinguen en que las primeras son asentimientos dados después de un cuidadoso examen, mientras que los segundos son asentimientos "previos a las bases racionales".[21] La reflexión racional discrimina muchísimos actos de asentimiento que podrían a primera vista reclamar el título de certeza.

En segundo lugar, Newman sostiene que la certeza siempre está acompañada de un sentido de gozo intelectual sereno. La mente humana "está hecha para la verdad, y por eso descansa en la verdad, así como no puede descansar en la falsedad".[22] El cardenal piensa que la certeza es una convicción verdadera, por lo que la mente no puede más que reposar en ella sin ningún tipo de temor o inquietud. Si el trabajo de la mente tiene por objeto la adquisición de la verdad, es natural que cuando se encuentra con ella, descanse al reconocer su trabajo concluido. De otro modo, no es certeza. Según Newman, no cualquier conocimiento ofrece ese sentimiento de reposo, sino sólo el conocimiento cierto, pues no basta que se conozca algo, sino que se sepa que se conoce, lo cual ocurre sólo cuando se producen asentimientos reflexivos.[23] Newman es consciente de que "la percepción simple y directa de las cosas tiene su propia gran satisfacción",[24] pero el gozo que se experimenta cuando se tiene certeza es distinto: es más intenso, y conlleva una experiencia de posesión y de triunfo, que no puede experimentarse más que estando genuinamente cierto. Ahora bien, para que realmente se experimente el sentimiento propio que acompaña a la certeza, ésta debe ser tal que vaya acompañada de una segunda certeza: implica creer que lo que ahora considero verdadero será verdadero incluso si dejo de considerarlo como tal: "Lo que es verdad una vez es siempre verdad y no puede dejar de serlo, mientras que lo que es una vez conocido no es necesariamente conocido siempre, y puede dejar de serlo. De esto se sigue que, si estoy

21 *Idem.*

22 *Ibid.*, p. 221.

23 Cf. *ibid.*, p. 205.

24 Cf. *idem.*

cierto de algo, creo que permanecerá lo que ahora creo que es, aun en el caso de que mi mente tuviera la mala fortuna de dejar de creerlo".[25]

Esto significa que si tengo certeza, por ejemplo, de que soy mexicano, al mismo tiempo debo tener certeza de que si pierdo la certeza de que soy mexicano, sigue siendo verdadero que soy mexicano, a pesar de ello; o si estoy cierto de que moriré, sé que moriré, aunque pierda esa certeza. En otras palabras, saber que algo es verdadero con certeza implica saber que seguirá siendo verdadero a pesar de mis juicios futuros. Para que haya una certeza auténtica, la confianza en la permanencia de la verdad debe ser más fuerte incluso que la confianza en la permanencia de la certeza. Que se cumpla esta condición es un signo positivo de reposo intelectual. Cuando la mente goza de esa serenidad, la convicción perdura, lo cual atestigua un verdadero reposo. Exhibiciones de miedo, irritabilidad, impaciencia en el diálogo, ansiedad intelectual, inquietud, son signos frecuentes que suelen acompañar a las convicciones falsas o a los meros prejuicios. Si una mente titubea sobre su asentimiento, se siente insegura, piensa que mañana podría cambiar de opinión, o que quizá está equivocada, entonces manifiesta una clara señal de no gozar del descanso tranquilo que se experimenta con la certeza auténtica. Por el contrario, cuando una persona goza de una certeza auténtica, las objeciones o los argumentos contrarios a ella no alteran ese reposo. Según Newman, este criterio purga también a un elenco inmenso de asentimientos que no son genuinas certezas. En efecto, son muy pocas cosas de las que estamos tan seguros.

Por último, de lo dicho anteriormente –que la certeza es una convicción verdadera que sigue después de un asentimiento deliberado y reflexivo, y que por tanto ofrece a la mente un estado de reposo y de placer intelectual– se sigue, según Newman, que es irreversible: "Si la certeza en cualquier cosa es el fin de toda duda o temor acerca de la verdad de la misma, si es una adhesión constante e incondicional a ella, llevará consigo una seguridad interna muy fuerte, aunque sea implícita, de que nunca fallará".[26] Cuando la mente reposa en la verdad, ni siquiera se cuestiona sobre la posibilidad de abandonarla, pues

[25] *Ibid.*, p. 197. Traducción de Josep Vives.

[26] *Ibid.*, p. 221. Traducción de Josep Vives.

experimenta en ese reposo una sensación de triunfo y posesión que sofoca cualquier actividad mental que pueda despojarla de ese estado. Cuando se abandona una convicción, esto ocurre, en general, porque algo la desmiente. Sin embargo, ¿es posible que la verdad sea desmentida? ¿No es más bien algo que sólo puede pasar en caso de que haya algún error? Por otro lado, es difícil que el error tenga entrada una vez que se cumple la primera condición de la certeza, a saber, que el acto siga a la investigación. Y más difícil aún es que un error tenga la fuerza para eliminar una convicción tan sólida como la de la certeza, pues la mente tiende a procurar conservar esa convicción y más bien se ocupa en intentar desmentir al error que se opone a ella.

Sobre la supuesta irreversibilidad de la certeza, pareciera que lo que Newman sostiene es contrafáctico, pues de hecho la historia parece atestiguar que la gente se retrae de sus certezas continuamente. No obstante, hay que recordar que no todo lo que se considera certeza, lo es realmente. Casey sostiene que "el problema de las certezas reversible no es tan grave como podría parecer, pues Newman sostiene que la mayoría de los supuestos casos de abandono de certezas en realidad no lo son".[27] Más aún, revertir una supuesta certeza es una prueba de que nunca hubo certeza en primer lugar, pues, si es verdad que la mente y su actividad tienen por objeto la verdad, cuando ésta se alcanza, la actividad de búsqueda se detiene, por lo que una vez que la verdad posee a la mente, la posee para siempre. La mayoría de las que suelen considerarse certezas no cumplen con estas tres condiciones. Por eso, Newman sostiene que la mayoría de las personas no tienen certezas actuales[28] o, si acaso, tienen un mínimo, porque "si se da un asentimiento sin suficientes bases racionales, es un juicio precipitado, un capricho, un prejuicio; si se da sin un sentido de finalidad, es apenas más que una inferencia; si se da sin permanencia, no es más que una mera convicción".[29]

La defensa que hace Newman de la certeza me parece la más débil y criticable de toda la *Gramática*. Varios autores la critican. Por ejemplo, Jay Newman acusa al cardenal de perder de vista la distinción entre fenomenología y

27 Casey, *op. cit.*, p. 39.

28 Digo "certezas actuales" en oposición a "certezas materiales o interpretativas".

29 *GA*, p. 258.

epistemología, pues trata a la certeza algunas veces como un acto puramente subjetivo y otras como la conciencia de una verdad objetiva.[30] En la misma línea, David A. Pailin advierte que el uso que hace Newman del término "certeza" (*certitude*) es sumamente confuso, y atribuye el problema a que "no consigue hacer una distinción clara y constante entre cuestiones lógicas y psicológicas".[31] Esta última crítica me parece más acertada que la de Jay Newman, pues, a pesar de que en efecto existe un uso ambiguo de los términos, es exagerado decir que el cardenal no se percata de la diferencia entre lo fenomenológico y lo epistemológico, pues me parece que el autor muestra que es plenamente consciente de los distintos niveles del discurso. En cualquier caso, es verdad que el uso de los términos es seriamente ambiguo y problemático. Una clara muestra de ambigüedad es, por ejemplo, que, por una parte, Newman restringe la certeza al ámbito de lo que es verdadero objetivamente, mientras que, por otra, admite que existen certezas erróneas.

Para facilitar la comprensión del texto introduciré una precisión terminológica: llamaré "dimensión subjetiva" a la condición psicológica de un sujeto que experimenta conscientemente que percibe la verdad, y "dimensión objetiva" a la auténtica percepción consciente de la verdad. Es importante observar que el elemento objetivo incluye necesariamente al subjetivo, mientras que, al contrario, es posible que ocurra la dimensión subjetiva sin la objetiva, porque cuando uno está cierto de una verdad objetiva experimenta las condiciones psicológicas de cualquier convicción, mientras que, a la inversa, uno puede experimentar esas condiciones y estar equivocado.

William R. Fey distingue dos sentidos en los que decimos que "tenemos certeza" o "estamos ciertos" de algo: 1) Cuando estamos (psicológicamente) seguros de lo que podría ser falso, y 2) Cuando sabemos que algo debe ser cierto porque es (lógicamente) necesario.[32] Fey sostiene que Newman introduce a veces un tercer sentido, según el cual estar cierto significa: 3) Captar (*to grasp*)

30 Cf. Newman, *The Mental Philosophy of Cardinal Newman*, p. 127.

31 David A. Pailin, *The Way to Faith: An Examination of Newman's Grammar of Assent as a Response to the Search for Certainty in Faith*, Londres, Epworth Press, 1969, pp. 133-134.

32 Cf. Fey, *op. cit.*, p. 90.

que algo es tal o cual.[33] Puede observarse que el tercer sentido mantiene semejanzas con el primero y el segundo, pero presenta una novedad. En el tercero, estar cierto implica una certeza subjetiva, pues conlleva un "sentimiento de satisfacción y autocomplacencia, de seguridad intelectual",[34] y en ese sentido se parece al primero, aunque no es exactamente igual, porque implica también "la consecución de lo verdadero";[35] y se parece al segundo sentido, porque en ambos casos uno sabe que no es posible que lo contrario sea verdadero, aunque por razones diferentes. En el caso del segundo, los principios de la lógica hacen que la alternativa sea imposible; en el tercero, aunque la alternativa es lógicamente posible, uno sabe, "por la acción espontánea del intelecto",[36] que de hecho no es posible.

Fey señala que el análisis de Newman sobre la certeza no se basa en el hecho de que experimentamos sentimientos de convicción ni en el hecho de que algunas proposiciones son lógicamente necesarias. Más bien, construye su propuesta sobre el hecho de que somos capaces de conseguir conocimiento objetivo y cierto. Estar cierto de algo no es simplemente mantener una opinión, sino conocer real y objetivamente algo. La idea de certeza de Newman está íntimamente unida a la idea de conocimiento. Tener certeza es conocer. Por eso, no es posible que haya una certeza falsa, así como no es posible que haya un conocimiento falso. En ese caso se trataría más bien de una pseudocerteza o de un pseudoconocimiento. En otras palabras, la certeza genuina involucra una certeza subjetiva, pero no es mera convicción psicológica, sino que requiere necesariamente que su objeto sea la verdad, por lo que también involucra una dimensión objetiva.

Las tres condiciones que ofrece el cardenal para que se dé una certeza genuina, a saber, "que siga a la investigación y a la prueba, que vaya acompañada de un sentido específico de satisfacción y de reposo, y que sea irreversible",[37] no

33 Cf. *idem*. El original dice: "[...] to grasp that something is the case".

34 *GA*, p. 204.

35 *Idem*.

36 *Ibid*., p. 198.

37 *Ibid*., p. 258. Traducción de Josep Vives.

están limitadas ni al elemento subjetivo ni al objetivo. Al contrario, funcionan coordinadamente para garantizar la presencia de ambas dimensiones.

Que el asentimiento se haga sobre bases racionales después de una investigación rigurosa, funciona, por una parte, para que el sujeto se afiance psicológicamente en su convicción, pues la investigación le permite dar razones de ella y adquiere así un sentimiento de seguridad en el acto de asentir; y por otra, para que la convicción no sea arbitraria y se refiera realmente a una verdad. En efecto, es precisamente por la investigación que la relación entre convicción y verdad queda asegurada.

El hecho de que la certeza esté acompañada por un sentido de reposo y finalidad implica evidentemente que el sujeto experimenta el elemento subjetivo de la certeza, pero el criterio también guarda una relación con el elemento objetivo, pues es precisamente por tratarse de una verdad, que la mente puede reposar intelectualmente. Es cuestionable si la convicción falsa puede ofrecer el mismo sentimiento de gozo sereno que la convicción verdadera. En mi opinión, la falsedad por su naturaleza es incoherente con la realidad, por lo que uno no puede simplemente instalarse triunfante en ella, pues el complejo de experiencias incesantemente amenaza con desmentirla. Pienso que si el objeto de la mente es la verdad, la satisfacción que pueda experimentarse en el error es un espejismo, que si bien puede asemejarse profundamente a la satisfacción que ofrece la convicción verdadera, no puede perdurar mucho tiempo, al menos cuando la mente que la posee trabaja sincera y continuamente para conocer la verdad. En cualquier caso, me parece que el reposo del que habla Newman no se reduce a la psicología del sujeto, sino que se refiere también a la relación objetiva entre la mente y su objeto, que es la verdad, en la cual alcanza la máxima satisfacción.

Por último, que la certeza sea irreversible involucra también tanto a la dimensión objetiva cuanto a la subjetiva. En primer lugar, la irreversibilidad atestigua que las condiciones psicológicas de la certeza son auténticas, pues si uno realmente está convencido al grado de creer que lo que ahora se considera verdadero será verdadero incluso si se deja de considerar como tal, no encontrará una razón suficiente real para abandonar esa certeza. Si llegara a encontrarla, piensa Newman, nunca habría estado en realidad instalado en la verdad, porque, en principio, si la certeza implica "el fin de toda duda o temor acerca de la verdad de ésta, si es una adhesión constante e incondicional a ella, llevará consigo una seguridad interna muy fuerte, aunque sea implícita, de que nunca fallará",[38] de modo que no puede ser sacudida por nada. Cuando la mente reposa en la verdad, ni siquiera se cuestiona el abandonarla, pues experimenta en ese reposo una sensación de triunfo y posesión que sofoca cualquier actividad mental que pueda despojarla de ese estado. El elemento psicológico de la certeza, por tanto, es puesto a prueba por este tercer criterio.

La irreversibilidad de la certeza tiene también una razón objetiva: si es verdad que la mente y su actividad tienen por objeto la verdad, cuando ésta se alcanza, la actividad cesa, por lo que una vez que la verdad posee a la mente, la posee para siempre. Cuando la mente abandona una convicción, en general lo hace porque algo la desmiente, pero ¿es posible que la verdad sea desmentida? Sólo un error podría aparentar hacerlo. Pero es difícil que el error tenga entrada una vez que se cumple la primera condición, a saber, que el acto de la certeza siga a la investigación. Y más difícil aún es que un error tenga la fuerza para eliminar una convicción tan sólida como la de la certeza, pues la mente tiende a procurar conservar esa convicción y más bien se ocupa en intentar desmentir al error que la provoca. El criterio de la irreversibilidad también involucra una dimensión epistemológica objetiva, pues es precisamente la naturaleza de la verdad lo que captura a la mente en esa irreversibilidad. Es cierto que puede haber convicciones falsas que nunca sean desmentidas, y que un sujeto perdure en ellas, pero eso no significa que su convicción sea irreversible, sino que nunca se revirtió. También es cierto que se pueden abandonar convicciones verdaderas, pero eso no significa que la certeza sea reversible, sino que nunca la hubo en realidad, pues no se cumplió alguno de los criterios previos. Si se cumplen los dos primeros criterios, lo que vuelve irreversible a la convicción es su condición de ser verdadera.

Lo anterior me lleva a pensar que es exagerada la crítica de Jay Newman, según la cual el cardenal "no consigue hacer una distinción clara y constante entre cuestiones lógicas y psicológicas".[39] Es justo reconocer que existe una

38 *Ibid.*, p. 221.

39 Pailin, *op. cit.*, pp. 133-134.

complicadísima ambigüedad en el uso del término "certeza", pero es mucho decir que Newman pierde de vista la distinción entre el elemento objetivo y el subjetivo. Pienso, más bien, que Jay Newman no consigue distinguir cómo se vinculan ambos elementos en los tres criterios que ofrece el cardenal. La condición objetiva de la verdad es precisamente la que hace posible que las tres condiciones se cumplan. Evidentemente, los criterios tienen una referencia psicológica, pero sólo en la medida en que guarden una relación con la verdad objetiva pueden ocurrir los tres. Newman mira como una unidad la dimensión psicológica y la dimensión objetiva porque la verdad no es ni pura objetividad ni pura subjetividad. La certeza es una relación entre lo mental y lo real, por lo que los criterios que garantizan que sea verdadera reflejan esa relación. Sin sujeto no hay certeza, y sin verdad objetiva tampoco.

Los tres criterios que ofrece Newman no están exentos de problemas. Podemos preguntarnos por ejemplo: ¿cómo podemos saber si una reflexión ha sido bien realizada y es suficiente para tener certeza?, ¿hay manera de distinguir una buena investigación de una mala investigación?, ¿cómo podemos saber si lo que le confiere reposo a la mente es una convicción verdadera o falsa?, ¿de qué sirve el criterio de irreversibilidad si no hay manera de saber si el día de mañana abandonaré una supuesta certeza? Puesto que Newman ha hecho del sentido ilativo un órgano que funciona como el último criterio de verdad, las respuestas que se pueden ofrecer a estas objeciones son muy modestas.

Si el primer criterio demanda investigación y prueba, es natural que nos preguntemos cuándo algo puede ser considerado una prueba o una reflexión suficiente. Newman define "prueba" como "el límite de probabilidades convergentes".[40] El sentido ilativo, como hemos visto, opera con probabilidades que apuntan hacia una misma conclusión y que coordinadamente se fortalecen entre sí. Cuando se trata de razonamientos concretos o no demostrativos, llega un momento en que la convergencia de cierto cúmulo de probabilidades garantiza la conclusión, pues el sujeto vislumbra que es imposible dudar y que sería un idiota si no creyera. En determinado momento, la evidencia nos permite ver que "no hay espacio

[40] *GA*, p. 321.

ni rincón para una duda",[41] y no se percibe ni un ápice de miedo de que uno pueda estar equivocado. Si se piensa que la evidencia puede incrementarse o fortalecerse, significa que no se ha alcanzado una prueba definitiva aún. Cuando un sujeto reflexiona y concluye que definitivamente se encuentra ubicado en México, y observa que no hay evidencia alguna que lo pueda convencer más de lo que ya está, significa que ha alcanzado una convicción plena, pues cualquier dato nuevo sólo sería redundante, es decir, no fortalecería más la prueba, porque ya no puede ser fortalecida.

Si uno realmente ha reconocido la prueba como suficiente y asiente plenamente a la verdad de una proposición, su mente da por concluido el trabajo y reposa naturalmente en su convicción. Si el reposo es consecuencia de un trabajo acertado del sentido ilativo y la mente está auténticamente cierta de una proposición verdadera, entonces no hay nada que la pueda despojar de ese estado. Pero, ¿cómo puede saber la mente que el trabajo del sentido ilativo es acertado y que la proposición en la que reposa es verdadera, y por lo tanto irreversible? Newman responde con franqueza: "No se puede trazar una línea divisoria entre las certezas que tienen como objeto la verdad y las certezas sólo aparentes. No podemos presentar un criterio definido, suficiente para discriminar el que podríamos llamar un falso profeta del verdadero. Lo que parece una certeza siempre está expuesto a la posibilidad de que resulte ser un error".[42] Habrá algunos para quienes esta incapacidad de someter sus certezas a un examen definitivo sea suficiente motivo para tener "incertidumbre" sobre todas sus certezas. Si al final no puedo determinar mediante un examen si esta o aquella certeza es auténtica, ¿cómo puedo tener certeza de la autenticidad de mi certeza? Si no puedo tener certeza sobre la autenticidad de mi certeza, parece que no puedo tener certeza en absoluto. La certeza parece quedar suspendida en el limbo de la incertidumbre, y en él parece perderse a sí misma.

Para Newman, sin embargo, que tengamos certezas (al menos certezas materiales o virtuales), es inevitable, forma parte de la condición natural de la mente. Y, aunque reconoce que no hay una prueba definitiva mediante la que

41 *TP*, p. 127.

42 *GA*, p. 222.

podamos distinguir si una certeza es verdadera o falsa, defiende el derecho que tiene la mente de tener certezas.[43] Al contrario de lo que sostiene el falibilismo, a saber, que cualquiera de nuestras creencias puede resultar ser falsa, Newman defiende que, a pesar de que la mente haya experimentado el error, le es posible tener certezas.

En su ensayo *Por qué no soy falibilista*, Guillermo Hurtado sostiene que "el falibilismo es contrario al sentido común y que no disponemos de buenas razones para aceptarlo".[44] Según él, "para el sentido común, las creencias se dividen en dos grandes bloques: las que no pueden resultar ser falsas y aquellas que pueden resultar serlo".[45] Si comparamos lo que dice Hurtado con la exposición que hace Newman, podría pensarse que aquellas creencias que no pueden resultar ser falsas equivalen a las certezas. Sin embargo, el cardenal reconoce que algunas veces experimentamos que aquello que considerábamos cierto, resulta ser falso al final. ¿Cómo puede entonces una persona seguir teniendo certezas? ¿Cómo sabe que no le ocurrirá lo mismo que ha experimentado antes, es decir, que consideraba una creencia infalible y resultó ser falsa?

Newman respondería que aquella supuesta certeza que resultó ser falsa nunca fue certeza en primer lugar, pues no cumplió con las tres condiciones que hacen una certeza auténtica. Parecía certeza, y fue considerada certeza, pero no lo era en realidad. Debemos preguntarle entonces: ¿a pesar de esa experiencia uno puede seguir teniendo certezas? El mismo cardenal se hace la pregunta: "¿Cómo puedo yo poseer esta seguridad necesaria para la certeza, si yo sé bien, como realmente sé, que en el pasado he creído tener verdadera certeza cuando en realidad estaba cierto de un error? ¿Este simple error no es capaz de impedir la misma posibilidad de la certeza?".

Y extiende la objeción:

> Lo que sucedió una vez puede suceder otras veces. Todas mis certezas pasadas y futuras quedan desde ahora destruidas por la introducción

---

43 Hablo de "certeza" falsa en sentido impropio, porque, para Newman, la certeza de hecho sólo puede ser verdadera.

44 Guillermo Hurtado, "Por qué no soy falibilista", en *Crítica* 32, núm. 96, 2000, p. 59.

45 *Ibid.*, p. 64.

> de una duda razonable que está en la base de todas ellas. Cesan *ipso facto* de ser certezas; no llegan a la categoría de asentimientos incondicionales por cuanto se basan en esta falsa seguridad. Para mí no son más que opiniones, conjeturas, juicios acerca de la verosimilitud de ciertos puntos de vista intelectuales, pero no la posesión y el goce de verdades. ¿Quién no se ha visto engañado por estas falsas certezas mil veces en el transcurso de su experiencia? ¿Cómo puede tener la certeza un lugar legítimo en nuestra constitución mental, cuando tan manifiestamente sirve a los intereses del error y del escepticismo?[46]

En otras palabras, ¿cómo se puede tener certeza cuando uno ha experimentado que su asentimiento reflexivo es falible? Si es verdad que "las creencias se dividen en dos grandes bloques: aquellas que no pueden resultar ser falsas y aquellas que pueden resultar serlo",[47] y el primer grupo equivale a las certezas de Newman, tendríamos que concluir que algunas veces resultan ser falsas las creencias que "no pueden resultar ser falsas",[48] lo cual es imposible.

La estrategia de Newman para enfrentar esta objeción consiste en desvincular la idea de certeza de la idea de infalibilidad. Según él, de la falibilidad no se sigue la imposibilidad de tener certezas. Del hecho de que algunas de nuestras supuestas certezas hayan resultado ser falsas, no se sigue que cualquiera puede resultar serlo. Esto, porque la infalibilidad y la certeza son realidades distintas:

> La certeza se dirige a tal o cual proposición particular; no es una facultad o un don, sino una disposición mental en relación con un caso definido que tengo delante de mí. Por el contrario, la infalibilidad es precisamente lo que no es la certeza: es una facultad, o un don, y se refiere no a cierta verdad en concreto, sino a todas las proposiciones posibles sobre una materia determinada.[49]

46 *GA*, p. 228. Traducción de Josep Vives.

47 Hurtado, *op. cit.*, p. 59.

48 *Idem.*

49 *GA*, p. 224. Traducción de Josep Vives.

La certeza tiene que ver con una proposición en particular, no con una regla abstracta que permita separar unas proposiciones de otras. Se refiere a un estado mental, y no a una facultad. Que alguna vez uno de esos estados mentales haya fallado, no es razón suficiente para producir una norma abstracta que aniquile a todos. Por ejemplo, dice Newman, "recuerdo con certeza lo que hice ayer, aunque mi memoria no es infalible".[50] La experiencia de que la memoria ha fallado no es lo suficientemente fuerte para debilitar realmente la certeza que se tiene de lo que se hizo ayer. La falibilidad de la mente no sofoca las certezas que de hecho se tienen. Newman reconoce que, en efecto, "la experiencia de errores en los asentimientos que hemos dado perjudica a los asentimientos subsiguientes. Cuando queremos estar ciertos hoy de una cosa, nos encontramos con que ayer tuvimos que echar por la borda una creencia sobre otra cosa de la que hasta entonces creíamos que estábamos ciertos".[51] Sin embargo, la consecuencia de estas experiencias no tiene que ser la inhabilitación del asentimiento, sino que debe llevarnos a "una mayor circunspección antes de entregarnos a él".[52] La experiencia del error exige mayor diligencia, pero aún así la mente puede sobreponerse encontrando razones suficientes para superar estas nuevas dificultades antecedentes. Los errores exigen pruebas más fuertes y mayor prudencia a la hora de realizar asentimientos conscientes.

Si acaso existe algún tipo de infalibilidad en la certeza, ésta se encuentra en el acto particular, no en la facultad que asiente. Un acto de certeza, a lo mucho, puede ser infalible en su singularidad, pero no en virtud de la facultad que lo produce. La certeza no promete que su origen sea una facultad infalible, sino la verdad de una proposición concreta: "La certeza es a lo mucho una infalibilidad por una vez (*pro hac vice*), y no nos promete nada acerca de la verdad de ninguna otra proposición fuera de la propia".[53]

Newman estaría de acuerdo con Hurtado en que "las creencias se dividen en dos grandes bloques: aquellas que no pueden resultar ser falsas y aquellas

50 *Idem*.

51 *Ibid*., pp. 228-229. Traducción de Josep Vives.

52 *Idem*. Traducción de Josep Vives.

53 *Ibid*., p. 227.

que pueden resultar serlo",[54] pero sería un error simplemente equiparar las que no pueden resultar ser falsas con las certezas. Para el cardenal, no hay manera de trazar una línea formal que separe ambos grupos. El testimonio de la certeza es singular y lo experimenta la mente en determinada proposición particular. Sin embargo, al final, "lo que parece una certeza siempre está expuesto a la posibilidad de que resulte ser un error".[55] Eso no significa que cada certeza individual pierda su condición de certeza: el hecho de que la certeza esté expuesta al error es una experiencia de la falibilidad de las facultades, que no posee la fuerza suficiente para despojar al sujeto de sus certezas reales, pues la certeza es un acto y una experiencia; no el resultado de una prueba formal.

En definitiva, las creencias que no pueden resultar ser falsas no se pueden distinguir infaliblemente de las que sí pueden resultar serlo. La única prueba que existe, siempre incompleta y siempre provisional, tiene una naturaleza negativa: consiste en que la certeza tiene que ser indefectible y por tanto irreversible, por lo que, si alguna vez se pierde, nunca fue certeza.

La solución de la irreversibilidad de la certeza es muy incómoda, porque no es posible experimentar el futuro para verificar si el día de mañana resultará que alguna de mis certezas no lo era realmente. Ésta es la parte más frágil de la *Gramática*. Por una parte, Newman quiere certeza especulativa definitiva; por otra, reconoce la imposibilidad de aplicarle a la certeza una prueba definitiva. Ante esta dificultad existen dos alternativas: abandonar deliberadamente toda certeza, lo cual le resulta ridículo y artificial, o aceptar la condición real de la mente que encuentra pruebas suficientes y que experimenta de hecho que algo no puede ser de otro modo. Si hemos de aceptar lo que somos, optaremos por la segunda opción, pues "es absurdo romper toda la estructura de nuestro conocimiento, que es la gloria del intelecto humano, simplemente porque el intelecto no es infalible en sus conclusiones".[56]

54 Hurtado, *op. cit.*, p. 59.

55 *GA*, p. 222.

56 *Ibid.*, p. 230.

Conclusiones

Hemos echado un vistazo panorámico a la ruta que Newman utiliza para defender la legitimidad epistémica de la certeza como un acto genuino de la mente, particularmente de la certeza sobre la realidad concreta. El planteamiento liberal consagró la demostración empírica y la racionalidad lógica como los vehículos adecuados para adquirir conocimiento cierto. Como consecuencia, el universo de creencias quedó fracturado en dos grandes grupos. Por una parte, quedaban aquellas creencias que cumplían con los requisitos del modelo y se consideran por esa misma razón creencias legítimas que garantizan la certeza (creencias "fuertes"); por otra, estaban las que no podían ser consideradas ciertas legítimamente (creencias "débiles").

Las creencias fuertes, por haber sido adquiridas racionalmente, fueron monopolizando el título de "conocimiento". Las creencias débiles, en cambio, por ser sostenidas mediante una dosis de arbitrariedad, no gozaban del pleno derecho de portar ese título. La "fe" se fue convirtiendo en otro nombre para referirse a ellas. Conocimiento y fe se presentaban entonces como realidades opuestas: la primera, racional; la segunda, arbitraria. Ante este escenario, Newman presenta un análisis novedoso del conocimiento en el que muestra que las creencias fuertes no son tan fuertes ni las débiles tan débiles. Esto, porque ambas gozan de las mismas garantías cuando se hace un uso adecuado de las facultades.

La visión de racionalidad del cardenal enturbia la línea que divide el universo de certezas, pues las llamadas creencias fuertes en el fondo utilizan los mismos recursos intelectuales que las débiles. Lo que justifica una creencia para Newman no es simplemente la lógica formal o la demostración empírica, sino un trabajo mental sumamente complejo que cuenta con muchísimos más recursos que los que el liberal reconoce. El modelo de racionalidad de los liberales es para Newman una reducción arbitraria de la capacidad que tiene el hombre para conocer la verdad. Se basa en una selección de criterios *a priori* que no hace justicia al hombre como de hecho se encuentra presente en el mundo. Invalidar un sinfín de creencias ciertas simplemente porque no cumplen con exigencias artificiales y arbitrarias es absurdo; en cambio, Newman propone observar cómo nos hacemos de conocimientos ciertos. Para ello, diseña un método sin precedentes.

El modo de hacer filosofía de Newman se puede comprender a la luz del debate entre racionalistas y empiristas. Pensaba que la discusión no sólo estaba agotada, sino que se encontraba viciada desde el inicio. Ambos bandos habían decidido que los problemas del conocimiento tenían que resolverse según una serie de leyes predeterminadas, entre las cuales se encuentra la que recuerda Sillem, que es particularmente dañina: "La ley de que los hombres deben pensar en todas las cosas de la única manera en que la razón (según la considera cada quien) muestra como necesaria".[1]

En oposición a este método apriorístico, Newman desarrolla una manera de hacer filosofía completamente novedosa en su tiempo: adopta un método descriptivo que procura ser fiel al modo en que pensamos, sin limitar con criterios artificiales las capacidades de la mente. Podemos afirmar que Newman se adelanta al proyecto fenomenológico de Husserl, en el sentido de que suspende cualquier intento de determinar *a priori* las leyes del conocimiento, para dar pie a que los *hechos* de la mente hablen por sí mismos. Jan Hendrik Walgrave se atreve incluso a decir que la obra de Newman podría titularse *La fenomenología del asentimiento*.[2]

La reflexión de Newman está más dirigida al análisis fenomenológico del *hecho* de la certeza, que al modo como se adquiere. Que los hombres tengan certezas es para él razón suficiente para considerarlas actos normales, legítimos

1 Sillem, *op. cit.*, vol. 1, p. 130.

2 Cf. *ibid.*, p. 129.

y congénitos a su naturaleza. El método descriptivo de Newman interroga a la naturaleza humana, y rechaza cualquier intento de medirla con criterios *a priori*.

La lectura de la *Gramática* nos permite reconocer que Newman es consciente de las objeciones que se le pueden hacer a su método descriptivo. A algunos les parecerá suficiente para conocer la naturaleza humana y el modo en que conoce, pero podrán objetar que del hecho de que el sujeto conozca de tal o cual manera no se sigue que tal o cual manera tenga validez epistémica. ¿Y si su manera de conocer es equivocada? ¿Y si sus facultades lo engañan y lo hacen ver equivocadamente como verdadero lo que en realidad es falso? Si no podemos medir a la naturaleza humana con criterios normativos, ¿cómo podremos legitimarla? El cardenal se muestra sensible ante estas dificultades, aunque hemos de reconocer que sus soluciones son un tanto evasivas. Sabe que emprender un debate entre la normatividad y la descriptividad le requeriría muchas más páginas de las que nos ofrece. Su respuesta, en cambio, es simple y contundente, y apenas suficiente para iniciar el debate:

> Yo soy lo que soy, o no soy nada. No puedo pensar, reflexionar o juzgar sobre mi propio ser, sin partir del mismo punto sobre el que pretendo concluir. Mis ideas son todas asunciones, y siempre me estoy moviendo en un círculo. No puedo evitar ser suficiente para mí mismo, pues no puedo hacer de mí mismo una cosa diferente, y cambiarme sería destruirme. Si no me uso a mí mismo, no tengo otro yo que utilizar. Mi único objetivo es identificar lo que soy para ponerlo en uso. Para probar el valor y la autoridad de cualquier función que poseo, basta con poder establecer que es natural. Lo que me toca es averiguar las leyes bajo las que vivo. Mi primera lección elemental de deber es la de resignarme a las leyes de mi naturaleza, cualesquiera que sean; mi primera desobediencia es la de impacientarme ante lo que soy y permitirme aspiraciones ambiciosas a lo que no puedo ser, la de albergar una desconfianza en mis capacidades y desear cambiar leyes que son idénticas a mí mismo.[3]

3 *GA*, p. 347.

En este magnífico pasaje, Newman reconoce que su punto de partida es su propio ser y que no está dispuesto a cuestionarlo. Hasta aquí llegan sus razones. Si alguien demandara una justificación ulterior, Newman respondería que no es posible ofrecerla, pues cualquier razón que se ofrezca presupone un uso de las facultades racionales, las cuales a su vez requerirían una justificación, pues forman parte de la naturaleza del sujeto. Al final, el punto de partida es el propio ser, la propia naturaleza, y lo único que se puede hacer con ella es utilizarla, no medirla. Si se pretendiera medirla se tendría que hacer utilizándola, lo cual nos regresaría al principio del problema. A alguien que no se acepte tal como es y que no reconozca la legitimidad de su propia naturaleza no va dirigida la *Gramática*. No se trata, según el cardenal, de confiar en nuestras facultades, pues confiar en ellas requiere usarlas; lo que hacemos es simplemente usarnos, hacer ejercicio de lo que somos.

A pesar de que Newman no se involucra en el debate, hay que reconocer que prepara el terreno para darle origen. No es el primero en plantear el problema, pero sí es pionero en ofrecer un punto de vista naturalizado que se anticipa no sólo al método fenomenológico de Husserl, sino a gran parte de la agenda del diálogo epistemológico del siglo XX.

A manera de recapitulación, en los primeros dos capítulos vimos que para Newman el asentimiento es un acto genuino de la mente, connatural al hombre, y que la inferencia no es un vehículo suficiente para dar cuenta de ese acto. Los dos capítulos están íntimamente relacionados porque, hasta cierto punto, la estrategia del cardenal consiste en contrastar ambos actos para que resalten las propiedades del asentimiento. En ese contraste se hace evidente que el asentimiento y la inferencia son independientes entre sí y que no guardan una relación de proporcionalidad. Ante esta evidencia, vimos que las razones por las que la inferencia, si bien es requerida por el asentimiento, no es suficiente para que éste ocurra. Estos dos capítulos dieron pie a que surgieran las preguntas naturales que suscita la relación entre ambos actos: si la inferencia no es suficiente para producir el asentimiento, ¿de qué recursos se sirve la mente para producirlo? Y, si acaso existen esos recursos, ¿son capaces de ofrecer garantía racional al acto de asentir? Estas preguntas motivaron el tercer capítulo, en el que analizamos la propuesta del sentido ilativo. Finalmente, en la última parte, hemos revisado el tema de la certeza, como un modo específico de asentimiento.

Como dije en la introducción, lo que motiva a Newman a defender la legitimidad de la certeza cuando se refiere a realidades concretas es, en última instancia, la validez epistémica de la creencia religiosa. Al final, lo que quiere mostrar es que la fe no es una extravagancia, sino que incluye el ejercicio de la mente humana con toda su complejidad, lo cual le confiere un lugar legítimo dentro del aparato cognitivo. Cuando una persona asiente a la existencia de Dios, particularmente a la del Dios del cristianismo, lo hace mediante inferencias formales e informales. Por ello, la experiencia de la certeza religiosa es completamente personal e intransferible. A Newman le parecería un error intentar hacer creer a alguien simplemente por medio de argumentos formales, como los que nos ofrece Tomás de Aquino en *Summa*. Eso sería como querer convencer a un extraño de que mi papá es mi papá mediante silogismos. Lo que le da a un individuo la certeza de que el esposo de su madre es su padre no es un conjunto de argumentos formales, sino toda una biografía en la que el sentido ilativo ha articulado información y evidencia de manera incalculable. Sería mejor introducir al interlocutor en la propia biografía para que su sentido ilativo comience a operar con la complejidad de la experiencia. De manera semejante, si se deseara convencer a alguien de la verdad de la fe cristiana, la estrategia debería ser introducirlo a la biografía del cristianismo, mostrarle cómo se percibe la acción providente de Dios en los hechos concretos de la historia, invitarlo a experimentar la interioridad de su propia conciencia y a revisar su propia vida para encontrar vestigios de la actividad de Dios. En última instancia, el modo como se adquiere conocimiento sobre la realidad concreta es aplicable a la fe cristiana porque, para Newman, se trata de una fe de realidades concretas. No es una fe de abstracciones, sino que asiente a la verdad de una persona que ha pisado la historia y el efecto de ese contacto con la historia continúa arrojando infinidad de evidencias.

En el último capítulo de la *Gramática*, Newman sugiere cómo el sentido ilativo y la teología, tanto la natural como la revelada, pueden interactuar de manera semejante a como lo hace el sentido ilativo con la historia, con la sociología y con otras ciencias. Por eso, el método para conocer las realidades seculares no es, en el último análisis, muy distinto del que se usa para asentir a las realidades religiosas.

Paradójicamente, algunos críticos acusaron a Newman de escéptico, pues, como mencioné al inicio de las conclusiones, muestra que las creencias fuertes no son tan fuertes ni tan diferentes de las débiles. Al contrario, son muy parecidas, si no es que iguales: o todas son fuertes o todas son débiles. Si éste es el caso, entonces nos encontramos frente a una elección radical: o reconocemos la capacidad que tenemos para asentir a las verdades religiosas, o rechazamos la totalidad del conocimiento humano, pues la vía de acceso al final es la misma, a saber, la compleja actividad formal e informal del sentido ilativo.

Referencias

Obras de John Henry Newman

NEWMAN, John Henry, *An Essay in Aid of a Grammar of Assent*, Londres, Longmans, Green and Co., 1887.

———, "A Letter to the Duke of Norfolk", en *Certain Difficulties Felt by Anglicans in Catholic Teaching*, vol. 2, Londres, Longsman, Green and Co., 1900, pp. 175-378.*

———, *Letters and Correspondence of John Henry Newman During His Life in the English Church*, 2 vols. Editado por Anne Mozley, Londres, Longmans, Green, and Co., 1903.

———, *The Via Media of the Anglican Church Illustrated in Lectures, Letters and Tracts Written Between 1830 and 1841 in Two Volumes*, Londres, Longmans, Green and Co., 1908.

———, *Fifteen Sermons Preached Before the University of Oxford Between A.D 1826 and 1843*, Londres, Longmans, Green and Co., 1909.

———, *The Letters and Diaries of John Henry Newman*, vol. 11. Editado por Charles Stephen Dessain, Edinburgo, Thomas Nelson and Sons, 1961.

———, *The Letters and Diaries of John Henry Newman*, vol. 19. Editado por Charles Stephen Dessain, Edinburgo, Thomas Nelson and Sons, 1969.

———, *The Letters and Diaries of John Henry Newman*, vol. 25. Editado por Charles Stephen Dessain y Thomas Gornall, Oxford, Clarendon Press, 1973.

NEWMAN, John Henry, *The Theological Papers of John Henry Newman on Faith and Certainty*, Oxford, Nueva York, Clarendon Press, 1976.

———, *La fe y la razón. Sermones universitarios*, Madrid, Encuentro, 1993.

———, *An Essay in Aid of a Grammar of Assent*, editado por Ian Ker, Nueva York, Oxford University Press, 2001.

———, *Apologia Pro Vita Sua. Historia de mis ideas religiosas*, Madrid, El buey mudo, 2010.

———, *Ensayo para contribuir a una gramática del asentimiento*, Madrid, Encuentro, 2010.

Obras secundarias

ACHTEN, Rik, *First Principles and Our Way to Faith. A Fundamental-Theological Study of John Henry Newman's Notion of First Principles*, Nueva York, Peter Lang Publications, 1995.

AQUINO, Frederick D., "Externalism and Internalism: A Newmanian Matter of Proper Fit", en *Heythrop Journal* 51, núm. 6, 2010, pp. 1023-1034.

ATHIÉ, Rosario, "El asentimiento en J. H. Newman", en *Cuadernos de Anuario Filosófico*, Serie Universitaria, Publicaciones de la Universidad de Navarra, 2001.

ARISTÓTELES. Ética *nicomáquea*, México, Universidad Nacional Autónoma de México, 2012.

AUBENQUE, Pierre. *La prudencia en Aristóteles*, Barcelona, Crítica, 1999.

BAMBROUGH, Renford. *Reason, Truth and God*, Londres, Methuen, 1969.

BARRON, Robert, "John Henry Newman Among the Postmoderns", en *Newman Studies Journal* 2, núm. 2, 2005, pp. 20-31.

BOCHENSKI, I. M., *Historia de la lógica formal*, Madrid, Gredos, 1985.

BUTLER, Joseph; *The Analogy of Religion. Natural and Revealed to the Constitution and Course of Nature*, Oxford, Clarendon Press, 1897.

CAIAZZA, John, "Religious Belief in Newman's *Grammar of Assent*", en *Modern Age* 5, núm. 1, 2008, pp. 24-32.

CASEY, Gerard. *Natural Reason. A Study of the Notion of Inference, Assent, Intuition and First Principles in the Philosophy of John Henry Cardinal Newman*, Nueva York, Peter Lang Publications, 1984.

DESSAIN, Charles S. *John Henry Newman*, Oxford, Oxford University Press, 1980.

FERREIRA, Jamie M., *Doubt and Religious Commitment. The Role of the Will in Newman's Thought*, Oxford, Nueva York, Clarendon Press, 1980.

———, *Scepticism and Reasonable Doubt. The British Naturalist Tradition in Wilkins, Hume, Reid and Newman*, Oxford, Clarendon Press, 1986.

———, "Leaps and Circles: Kierkegaard and Newman on Faith and Reason", en *Religious Studies* 30, núm. 4, 1994, pp. 379–397.

FEY, William R., *Faith and Doubt: The Unfolding of Newman's Thought on Certainty*, Virginia Occidental, Patmos Press, 1976.

FORD, John T., "Newman's Reasonable Approach to Faith", en *Newman Studies Journal* 8, núm. 1, 2011, pp. 56-66.

HARPER, Gordon Huntington, *Cardinal Newman and William Froude, F. R. S.: A Correspondence*, Baltimore, John Hopkins Press, 1933.

HARROLD, Charles Frederick, *John Henry Newman. An Expository and Critical Study of His Mind, Thought and Art*, Londres, Longmans, Green and Co., 1945.

HIPONA, Agustín de, "Contra los académicos", en *Obras completas*, vol. 3, Madrid, Biblioteca de Autores Cristianos, 2009.

HORR, George E., "Bishop Butler and Cardinal Newman on Religious Certitude", en *The Harvard Theological Review* 1, núm. 3, 1908, pp. 346-361.

HURTADO, Guillermo, "Por qué no soy falibilista", en *Crítica* 32, núm. 96, 2000, pp. 59-97.

JAMES, William, *The Will to Believe and Other Essays in Popular Philosophy*, Nueva York, Londres, Bombay, Longmans Green and Co., 1897.

JOST, Walter, "What Newman Knew: A Walk on the Postmodernist Side", en *Renascence* 49, núm. 4, 1997, pp. 241-260.

KER, Ian, "Recent Critics of Newman's A *Grammar of Assent*", en *Religious Studies* 13, núm. 1, 1977, pp. 63–71.

KER, Ian, y Terrence Merrigan (eds.). *The Cambridge companion to John Henry Newman*, Cambridge, Cambridge University Press, 2009.

———, *John Henry Newman: una biografía*, Madrid, Palabra, 2010.

LOCKE, John, *An Essay Concerning Human Understanding*, 2 vols., Oxford, Clarendon Press, 1894.

LYONS, James W., *Newman's Dialogues on Certitude*, Roma, Officium Libri Catholici, 1978.

MADDOX, Marty Miller., "Newman: Certain Knowledge and 'The Problem of the Criterion'", en *Newman Studies Journal* 4, núm. 1, 2007, pp. 69-86.

MCCARTHY, Gerald D., "A Via Media Between Scepticism and Dogmatism? Newman's and Macintyre's Anti-Foundationalist Strategies", en *Newman Studies Journal* 6, núm. 2, 2009, pp. 57–81.

MCKERROW, Raymie E., "Richard Whately and the Revival of Logic in Nineteenth-Century England", en *Rhetorica* 5, núm. 2, 1987, pp. 163-185.

NEWMAN, Jay, *The Mental Philosophy of Cardinal Newman*, Ontario, Wilfrid Laurier University Press, 1986.

NICHOLS, Aidan, "John Henry Newman and the Illative Sense: A Re-consideration", en *Scottish Journal of Theology* 38, núm. 3, 1985, pp. 347-368.

PAILIN, David A., *The Way to Faith: An Examination of Newman's Grammar of Assent as a Response to the Search for Certainty in Faith*, Londres, Epworth Press, 1969.

SADA, Alejandro, "The Legitimacy of Certitude in Newman's Grammar of Assent", en *Yearbook of the Irish Philosophical Society*, 2014/15, pp. 49-63.

SILLEM, Edward J., *The Philosophical Notebook of John Henry Newman*, Vol. 1, Lovaina, Nauwelaerts Publishing House, 1969.

SEXTUS, Empiricus, *Outlines of Pyrrhonism*, Cambridge, Cambridge University Press, 2000.

STEINBERG, Eric, "Newman's Distinction between Inference and Assent", en *Religious Studies* 23, núm. 3, 1987, pp. 351-365.

TOOHET, John J., *An Index Synopsis of An Essay in Aid of a Grammar of Assent by John Henry Cardinal Newman*, Londres, Longmans, Green and Co., 1906.

TOULMIN, Stephen E., *The Uses of Arguments*, Nueva York, Cambridge University Press, 2003.

VARGISH, Thomas, *Newman: The Contemplation of Mind*, Nueva York, Oxford University Press, 1970.

WARD, Wilfrid, *The Life of John Henry Newman Based on His Private Journals and Correspondence*, Vol. 2. Londres, Longmans, Green and Co., 1912.

WHATELY, Richard, *Elements of Logic*, Londres, John W. Parcker and Son, 1857.

Asentimiento y certeza en el pensamiento de John Henry Newman
se imprimió en la Ciudad de México,
el 1 de noviembre de 2021,
Solemnidad de todos los Santos,
en Litográfica Ingramex, S. A. de C. V.
Centeno 162-1, Granjas Esmeralda, Iztapalapa,
C. P. 09810, Ciudad de México, México

www.ingramcontent.com/pod-product-compliance
Lightning Source LLC
La Vergne TN
LVHW091325190726
843491LV00002B/567

* 9 7 8 6 0 7 9 9 5 2 2 9 7 *